KB096724

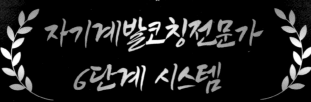
자기계발코칭전문가 6단계 시스템

1단계 방탄자존감

2단계 방탄멘탈

3단계 방탄습관

4단계 방탄행복

5단계 방탄자기계발

6단계 방탄코칭

자기계발코칭전문가 3
(방탄습관)

1명의 명품 인재가 10만 명을 먹여 살리고
4차 산업 시대에는 명품 인재인
방탄자기계발 전문가 1명이
10만 명의 인생을 변화 시킨다!

방탄자기계발 신조

불어라 하지 말고 듣게 하자.
누구처럼 살지 말고 나답게 살자.
좋아하게 하지 말고 좋아지게 하자.
마음을 일으라 하지 말고 마음을 얻게 하자.
믿으라 말하지 말고 믿을 수 있는 사람이 되자.
좋은 사람을 기다리지 말고 좋은 사람이 되어주자.
보여주는(인기) 인생을 사는 것이 아닌 보여지는(인정)
인생을 살아가자.
나 이런 사람이야 말하지 않아도 이런 사람이구나.
몸, 머리, 마음으로 느끼게 하자.
- 최보규 방탄자기계발 창시자 -

만나서 반갑습니다!

가슴이 설레는 만남이 아니어도 좋습니다.
가슴이 떨리는 운명적인
만남이 아니어도 좋습니다.

만남 자체가 소중하니까요!
고맙습니다!
감사합니다!
사랑합니다!

가슴이 설레는
만남이 아니어도 좋습니다.

가슴이 떨리는
운명적인 만남이 아니어도 좋습니다.

만남 자체가 소중하니까요.

직접 만나는 것도 만남이고
책을 통해서 만나는 것도 만남입니다.

최보규 방탄자기계발 전문가의 만남으로
"당신은 제가 좋은 사람이 되고 싶도록 만들어요."
라는 인생을 살 것입니다.

좋은 일이 생길 겁니다.

방탄자기계발 소개

방탄자기계발은 노오력 자기계발이 아닌 올바른 노력 자기계발을 하는 것입니다.

20,000명 상담, 코칭! 자기계발서 12권 출간! 자기계발 습관 204가지 만들고 직접 자기계발을 하면서 알게 된 자기계발의 비밀!

지금 대부분 사람들의 자기계발 환경이 어떤지 아십니까?

하루에도 자기계발, 동기부여 연관된 영상, 글, 책, 사진들 수도 없이 엄청나게 많이 보는데 10년 전보다 스마트폰 없는 시대보다 1,000배는 더 좋은 환경인데도 스마트폰 시대 10년 전보다 더 자기계발, 동기부여를 더 못하는 현실입니다.

10년 전 스마트폰 없던 시대보다 자기계발을 더 못하는 이유가 뭘까요?

단언컨대 자기계발 본질을 모르고 하기 때문입니다.

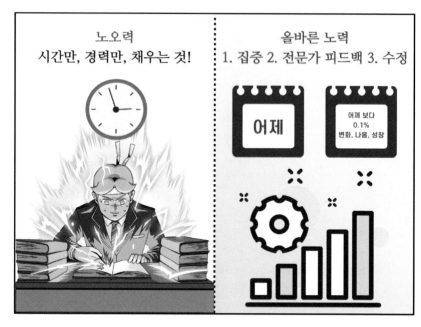

어떤 것이든 본질을 알아야만 노오력이 아니라 올바른 노력을 할 수 있습니다.

노력은 경험만 채우고 시간만 때우는 노력입니다.
지금 시대는 노력이 배신하는 시대입니다.

올바른 노력은 어제보다 0.1% 다르게, 변화, 마음, 성장 하는 것입니다.

	인생의 본질
	헬스, 운동 본질
	직장, 일 본질
	연애, 사랑 본질
	인간관계 본질
	자기계발 본질

인생의 모든 본질은 정답이 없지만 기본을 지키지 않으면 결과가 나오지 않습니다.

운동의 본질은 헬스, 운동의 기본기를 배우지 않는 사람이 좋은 헬스장으로 옮긴다고 헬스, 운동 습관이 만들어지는 것이 아닙니다.

직장의 본질은 월급 날짜만 기다리는 사람이 직장을 바꾼다고 일에 대한 의욕이 생기지 않습니다.

사랑의 본질은 평상시에 사랑 받을 행동을 안 하는 사

람은 사랑하는 사람이 생겨도 사랑 받을 수가 없습니다.

인간관계의 본질은 내가 좋은 사람이 되기 위해 학습, 연습, 훈련을 안 하는 사람은 좋은 사람이 생겨도 금방 떠나갑니다.

자기계발의 본질인 방탄자존감, 방탄멘탈, 방탄행복, 방탄습관, 방탄자기계발 모르는 사람은 자기계발 책 200권 자기계발과 연관된 영상, 글, 책, 사진 등 1,000개를 보더라도 자기계발을 시작을 못합니다.

방탄자기계발 본질 학습, 연습, 훈련을 통해 나다운 인생을 살 수 있게 방향을 잡아주고 자신 분야 삼성(진정성, 전문성, 신뢰성)을 높여 줄 것입니다. 더 나아가 자신 분야 제2의 수입, 제3의 수입을 올릴 수 있는 인생고리를 만들어 줄 것입니다.

기회를 기다리는 자기계발
기회를 만들어 가는 방탄자기계발
때를 기다리는 자기계발
때를 만들어 가는 방탄자기계발
- 최보규 방탄자기계발 전문가 -

목차

3장 방탄습관

명품자기계발 조건

명품 자기계발의 조건!

1. 단 하나 (only one)
   방탄자기계발 코칭은 오직 최보규 창시자만 가능하다.

2. 책임감 (150년 a/s, 관리, 피드백)

3. 체계적인 1:1 맞춤 시스템 (9단계 시스템)

4. 20,000명 상담, 코칭 (상담 전문가)

5. 삼성이 검증된 전문가(진정성, 전문성, 신뢰성)
   자기계발 책 12권 출간

20,000명 상담, 코칭으로 알게 된
나다운 인생길 네비게이션!

예측
운전

자신

방어
운전

방탄
자존감

방탄
멘탈

방탄
습관

방탄
행복

자신 분야를 자동차 4개의 바퀴로 비유하자면 방탄자존감, 방탄멘탈, 방탄습관, 방탄행복이고 핸들은 (이루고 싶은 것) 방탄자기계발이다! 방탄자존감, 방탄멘탈, 방탄습관, 방탄행복을 통해 **자신 분야 삼성(진정성, 전문성, 신뢰성)을** 올려서 제2수입, 제3수입, 월세, 연금성 수입을 발생 시켜 온라인 건물주로 만들어 주는 것이 방탄자기계발이다.

방탄
자기계발

4차 산업 시대는 방탄자기계발이다!

꽃, 열매는(자신, 자신 분야) 화려하고 보기 좋았는데 뿌리가(자신, 자신 분야) 썩어 죽어가고 있다?

가장 중요한 뿌리(방탄자존감, 방탄멘탈, 방탄습관, 방탄행복)를 학습, 연습, 훈련을 하지 않으면 자신, 자신 분야 삼성(진정성, 전문성, 신뢰성)을 올려 제2수입, 3수입을 만들어 주는 방탄자기계발이라는 꽃, 열매는 얻을 수 없다!

방탄 자기계발

삼성이 검증된 방탄자기계발전문가

자신 분야
삼성(진정성, 전문성, 신뢰성)
제2, 3수입을 올려 온라인 건물주 되자!

80%는 교육으로 만들어진다? 300% 틀렸습니다!

세계 최초! 방탄자기계발
효율적인 교육 시스템!

교육

= 20%

1단계

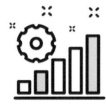

**스스로
학습, 연습, 훈련**

= 30%

2단계

**검증된 전문가
a/s,관리,피드백**

= 50%

**150년
a/s,관리,피드백**

3단계

20,000명 상담, 코칭을 하면서 알게 된 2:3:5공식!

평균적으로 학습자들은 교육만 받으면 80% 효과를 보고 동기부여가 되어 행동으로 나올 것이라고 착각을 합니다.
그러다 보니 교육을 받는 동안 생각만큼, 돈을 지불한 만큼 자신의 기준에 미치지 못하면 효과를 보지 못한 거라고 지레짐작으로 스스로가 한계를 만들어 버립니다. 그래서 행동으로 옮기지 못하는 것이 상황과 교육자가 아닌 자기 자신이라는 것을 모릅니다.

20,000명 상담. 코칭, 자기계발서 12권 출간, 자기계발 습관 204가지 만듦, 시행착오, 대가 지불, 인고의 시간을 통해 가장 효율적이며 효과적인 교육 시스템은 2:3:5라는 것을 알게 되었습니다.

교육 듣는 것은 20% 밖에 되지 않습니다. 교육을 듣고 스스로가 생활 속에서 배웠던 것을 토대로 30% 학습, 연습, 훈련을 해야 합니다.
가장 중요한 50%는 학습, 연습, 훈련한 것을 검증된 전문가에게 꾸준히 a/s, 관리, 피드백을 받아야만 2:3:7공식 효과를 볼 수 있습니다.

해보자! 해보자! 나의 가능성을 믿고!

해보자!

해보자!

자신의

사과씨, 도토리, 포도씨 믿으세요!

사과씨 안에 얼마나 많은 사과가 있는지 모른다!
도토리 안에 얼마나 많은 도토리가 있는지 모른다!
포도씨 안에 얼마나 많은 포도가 있는지 모른다!

자기계발코칭전문가

내공, 가치, 값어치

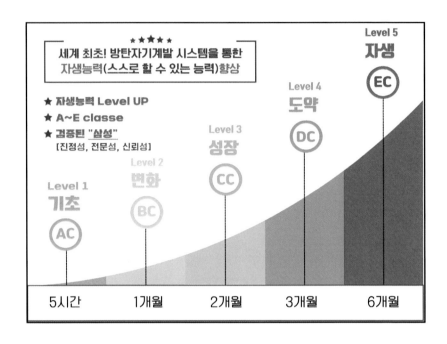

★ ★ ★ ★

세계 최초! 방탄자기계발 시스템을 통한
자생능력(스스로 할 수 있는 능력)향상

★ 자생능력 Level UP
★ A~E classe
★ 검증된 "삼성"
　[진정성, 전문성, 신뢰성]

Level 1
기초
AC

Level 2
변화
BC

Level 3
성장
CC

Level 4
도약
DC

Level 5
자생
EC

5시간　　1개월　　2개월　　3개월　　6개월

★ ★ ★ ★

검증된 전문가 교육시스템

회원제를 통한 무한반복 학습, 연습, 훈련
오프라인 전문상담사가 검진 후 특별맞춤 학습, 연습, 훈련

검증된 강사코칭 전문가
세계 최초 강사 백과사전
강사 사용설명서를 만든 전문가!
150년 A/S, 관리해주는 책임감!

검증된 책 쓰기 전문가 12권
나다운 강사1, 나다운 강사2
나다운 방탄멘탈, 행복히어로
나다운 방탄습관블록
나다운 방탄 카피사전
나다운 방탄자존감 명언 I
나다운 방탄자존감 명언 II
방탄자기계발 사관학교 I
방탄자기계발 사관학교 II
방탄자기계발 사관학교 III
방탄자기계발 사관학교 IV

검증된 자기계발 전문가
방탄행복 창시자!
방탄멘탈 창시자!
방탄습관 창시자!
방탄자존감 창시자!
방탄자기계발 창시자!
방탄강사 창시자!

검증된 상담 전문가
20,000명 상담, 코칭!
혼자 독학하기 힘든 행복, 멘탈, 습관
자존감, 자기계발, 강의, 강사
1:1 케어까지 해주며 행복 주치의가
되어주는 전문가!

카페에 피카소가 앉아 있었습니다. 한 손님이 다가와 종이 냅킨 위에 그림을 그려 달라고 부탁했습니다. 피카소는 상냥하게 고개를 끄덕이곤 빠르게 스케치를 끝냈습니다. 냅킨을 건네며 1억 원을 요구했습니다.

손님이 깜짝 놀라며 말했습니다. 어떻게 그런 거액을 요구할 수 있나요? 그림을 그리는데 1분밖에 걸리지 않았잖아요. 이에 피카소가 답했습니다.

아니요. 40년이 걸렸습니다. 냅킨의 그림에는 피카소가 40여 년 동안 쌓아온 노력, 고통, 열정, 명성이 담겨 있었습니다.

피카소는 자신이 평생을 바쳐서 해온 일의 가치를 스스로 낮게 평가하지 않았습니다.

- 출처: <확신> 롭 무어, 다산북스, 2021 -

자기계발코칭전문가
커리큘럼

자신의 무한한 가능성을

방탄자기계발사관학교에서 시작하세요!

150년 a/s, 관리, 피드백 함께하겠습니다!

커리큘럼

Google 자기계발아마존

클래스명	내용	2급(온라인)	1급(온,오)
방탄자존감	나답게 살자! 원리 학습, 연습, 훈련	1강, 2강	5시간
방탄멘탈	멘탈 보호막 원리 학습, 연습, 훈련	3강, 4강	5시간
방탄습관	습관 보호막 원리 학습, 연습, 훈련	5강, 6강	5시간
방탄행복	나다운 행복 만들기 원리 학습, 연습, 훈련	7강, 8강	5시간
방탄자기계발	지금처럼이 아닌 지금부터 살자! 원리, 학습, 연습, 훈련	9강, 10강	5시간
방탄코칭	코칭전문가 10계명 (품위유지의무)	11강	5시간

"국가등록 민간자격"

★ 자격증명: 자기계발코칭전문가 2급, 1급
★ 등록번호: 2021-005595
★ 주무부처: 교육부
★ 자격증 종류: 모바일 자격증

교재

(선택사항 / 별도 구매)

NAVER 방탄카피사전

NAVER 방탄자존감명언

NAVER 방탄멘탈

NAVER 방탄습관

NAVER 행복히어로

NAVER 최보규

방탄자존감1

방탄자존감2

방탄자존감3

방탄멘탈

방탄습관

방탄행복

자기계발코칭전문가
필시/실기

자기계발코칭전문가2급
필기/실기

자기계발코칭전문가2급 필기시험/실기시험

#. 자격증 검증비, 발급비 50,000원 발생
  (입금 확인 후 시험 응시 가능)

▶ 1강~10강(객관식):(10문제 = 6문제 합격)

▶ 11강(주관식):(10문제 = 6문제 합격)

▶ 시험 응시자 문자, 메일 제목에 자기계발코칭전문
  가2급 시험 응시합니다.
  최보규 010-6578-8295 / nice5889@naver.com

▶ 네이버 폼으로 문제를 보내주면 1주일 안에 제출!
  합격 여부 1주일 안에 메일, 문자로 통보!
  100점 만점에 60점 안되면 다시 제출!

자기계발코칭전문가1급 필기/실기

자기계발코칭전문가1급 필기시험/실기시험

자기계발코칭전문가2급 취득 후 온라인(줌)1:1, 오프라인1:1 선택 후 5개 분야 중 하나 선택(방탄자존감, 방탄멘탈, 방탄습관, 방탄행복, 방탄자기계발=9가지) 한 분야 5시간 집중 코칭 후 2급과 동일하게 필기시험, 실기시험(코칭 비용 상담)

자기계발코칭전문가1급 기출문제

자기계발코칭전문가1급 실기(주관식)

자신의 무한한 가능성을

방탄자기계발사관학교에서 시작하세요!
150년 a/s,관리,피드백 함께하겠습니다!

3장 방탄습관

Google 자기계발아마존

자기계발코칭전문가
5강
습관 보호막 원리

나는 누구일까요?

나는 당신의 영원한 동반자입니다. 당신의 훌륭한 조력자이자, 가장 무거운 짐이기도 합니다. 나는 당신을 성공으로 이끌기도 하고 실패의 나락으로 끌어내리기도 합니다. 나는 언제나 당신이 하는 대로 따라갑니다. 그렇지만 당신이 하는 행동의 90%는 나로 인해 좌우됩니다.

나는 모든 위인들의 종이자, 모든 실패자의 주인입니다. 당신은 나를 통해 발전할 수도 있고 실패할 수도 있으며, 당신은 나를 통해 모든 것을 얻을 수도 있고, 모든 것을 잃을 수도 있습니다. 나는 습관입니다.

<심리학자 윌리엄 제임스>

34

노벨상을 받은 사람의 습관 공식?
세계 1억 5천만 팔린 책 습관 공식? 다 잊어라!

세계 인구 78억 명!
78억 개 나다운 습관 공식

20,000명 상담, 코칭 하면서 알게 된 습관의 비밀!
세상의 수많은 습관 공식이 있습니다. 그 습관 공식 중
에 나한테 맞는 것은 잘 없습니다. 그럴 수밖에 없는 이
유가 있습니다.

세계 인구 78억 명입니다. 그렇다면 습관 공식 78억 개
입니다.
나다운 습관 공식을 만들어 가야 합니다.

하지만 세상, 현실, 시중에 있는 수많은 습관 공식들, 유
명한 사람 습관 공식들, 인기 있는 사람들의 습관 공식,
과학적으로 증명된 습관 공식들이 마치 답인 것처럼 3

혹(현혹, 유혹, 화혹: 화려함으로 혹하게 하는 것)시키고 세뇌를 시킵니다.

그래서 그렇게 수많은 습관 책을 많이 보고 습관 공식을 보더라도 다 실패합니다.

왜? 실패를 하는가? 운전으로 예를 들겠습니다.

세계 인구 78억 명이면 운전 습관도 78억 개의 스타일이 있습니다. 나다운 운전 습관이 있습니다.

그런데 세상, 현실, 인지도 있는 사람들은 이렇게 말을 합니다. 카레이서(성공 공식) 운전 습관이 중요하다고 강요(세뇌)를 합니다.

"당신의 운전 습관은 필요 없고 틀렸습니다. 카레이서 운전 습관이 더 중요합니다. 나다운 운전습관은 중요하지 않습니다."

자기다운 운전 습관, 나다운 운전 습관이 있는데 인지도 있는 사람들 습관 공식, 성공한 사람들 습관 공식이 마치 답인 것처럼 무작정 따라합니다. 그래서 나다운 습관을 만들지 못하고 늘 포기를 합니다.

우리가 운전을 배울 때 어떻게 하죠? 운전에 가장 기본적인 10%로만 배우고 90% 운전 경험을 통해서 나다운 운전 습관을 만들어 갑니다. 습관도 똑같습니다.

누구나 한 번쯤 경험한 적이 있을 것입니다.
나다운 운전 습관이 있다 보니 운전을 아무리 잘 하는 사람의 차를 타더라도 멀미가 나고 어색하며 불안합니다. 왜 그럴까요? 자기만의 운전 습관, 스타일이 있기 때문입니다. 그래서 단언컨대 가장 중요한 것은 나다운 습관을 만드는 것입니다.

지금 우리가 어떤 시대에 살고 있습니까? 유명한 사람들의 습관 공식, 책, 유튜브, SNS… 어마어마하게 쏟아지는 환경 속에 살고 있습니다.

습관 공식들이 너무나도 많다보니 이 습관이 맞나? 저 습관이 맞나? 혼동이 되어 헷갈립니다.

어떤 걸 벤치마킹해야 되고 얼마만큼 따라 해야 되는지 구분이 안 됩니다.

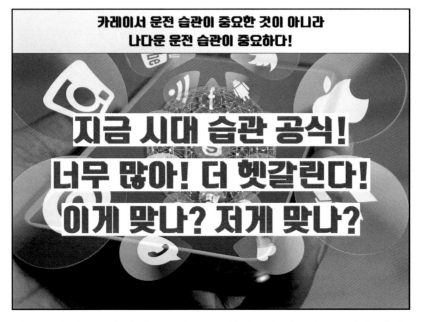

지금 시대는 인생의 공식들... 홍수 속에 살고 있습니다. 홍수가 나면 먹는 물 식수가 더 없다는 것을 앞에서도 말을 했습니다. 그 환경 속에서 나에게 맞는 것을 어떻게 구분하면서 학습, 연습, 훈련하는 게 중요합니다.

지금 시대 공식, 정보, 데이터가 얼마만큼 쏟아지는지 피부로 느끼게 해주겠습니다. 지구상에 모든 모래알 수가 얼마인지 아십니까? 계산할 수 없는 상황인데 그걸 계산한 사람이 있습니다. 40제타바이트입니다. 인류가 시작에서 ~ 2003년까지가 3000년 정도 된다고 합니다. 그동안 쌓였던 데이터가 5엑사바이트입니다.

스마트폰 시대 습관 공식이 너무 많아 더 헷갈린다?

지구상의 모든 모래알
수는 얼마일까? 40제타바이트

3000년 전 ~ 2003년 까지
5엑사바이트

YB: 요타바이트
ZB: 제타바이트
EB: 엑사바이트
PB: 페타바이트
TB: 테라바이트
GB: 기가바이트
MB: 메가바이트
KB: 킬로바이트

2017년에는 3,000년 동안 쌓였던 5엑사바이트가 하루 만에 쌓입니다. 2019년에는 1분 만에 쌓입니다. 2020년에는 10초만 쌓입니다.

그럼 현재 2022년에는? 상상에 맡기겠습니다.

한마디로 말씀드리고 싶은 게 몇 초만 해도 알고 있던 것들이 오류가 나고 가짜일 수도 있다는 겁니다.

1초 ~ 10초만 해도 기존에 알고 있는 것들이 틀릴 수도 있다는 것입니다. 이런 환경인데 90%의 사람들이 유명한 사람들, 인지도 있는 사람들의 공식을 7:3으로 맹신을 하고 있는 안타까운 현실입니다.

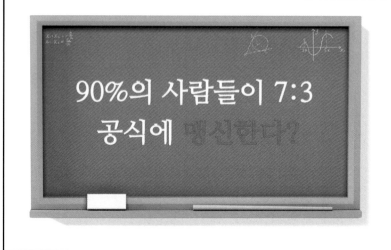

스마트폰 시대 습관 공식이 너무 많아 더 헷갈린다?

90%의 사람들이 7:3 공식에 맹신한다?

70% 뜻은 유명한 사람들, 인지도 있는 사람들이 말하는 공식 열 개 중에 70%인 7개를 따라 한다는 것입니다. 90% 사람들은 나머지 30% 시행착오, 대가 지불, 인고 의 시간을 통한 경험을 쌓고 있습니다. 3:7이 아닌 7:3 으로 하고 있으니 대부분 사람들이 나다운 습관을 쌓지 못하고 "해봤는데 안 돼, 이제 안해"라는 태도로 자신 의 변화, 성장, 미래를 포기하는 사람들이 많아 졌습니 다.

유명한 사람 습관 책, 유명한 사람 습관 공식, 성공한 사람들의 습관 공식들은 그 사람들이 살아온 시행착오,

대가 지불, 인고의 시간과 수많은 경험들이 합쳐진 결과물의 공식이기에 무작정 따라하는 건 어렵다는 것입니다.

무작정 따라함 수밖에 없는 사람의 심리입니다. 발등에 서 있는 것을 따라하는 게 쉽기 때문입니다. 항상 쉬운 쪽에는 변화, 성장, 배움이 없다는 것을 명심해야 합니다.

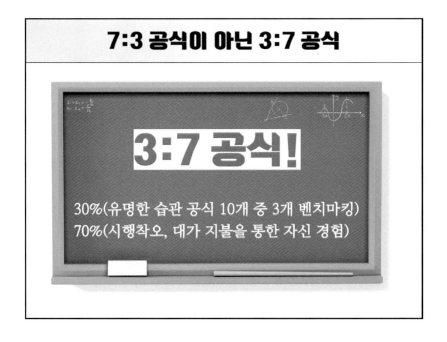

3:7공식! 30% 유명한 사람, 성공한 사람이 말하는 공식 10가지 중에 30%인 3개만 벤치마킹하는 것입니다.

나머지 70%는 시행착오, 대가 지불, 인고의 시간을 통해서 자기의 경험을 누적 시켜야 합니다. 이것이 나다운 방탄습관블록 쌓기 공식입니다.

세상의 모든 것은 인간의 심리인 고정관념, 틀, 선입견, 편견이 있습니다. 습관에도 고, 틀, 선, 편이 있다는 것입니다.

20,000명 상담, 코칭하면서 알게 된 것은 대부분 사람들이 고, 틀, 선, 편 개념을 잘못 알고 있습니다.

대부분 사람들은 "고, 틀, 선, 편 개념을 기존에 알고 있는 것을 다 지워버리고 없애버리고 무시하고 새로운 것을 받아들이고 새로운 것을 배우자" 이렇게 알고 있습니다.

고, 틀, 선, 편 본질은 그게 아니라 기존에 알고 있는 것은 그대로 두고 새로운 것을 융합, 플러스하는 게 고, 틀, 선, 편 본질입니다.

기존에 알고 있는 것들을 어떻게 배웠습니까? 힘들게 배웠잖아요! 기존에 알고 있는 공식에 플러스 할 수 있는 공식을 알려주겠습니다. 집중하세요!

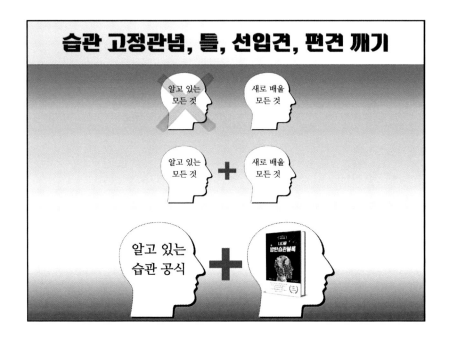

대한민국 5,200만 명이 습관을 잘못 알고 있는 게 또

있습니다.

습관은 바꾸는 것? 성격은 바꾸는 것? 스피치는 바꾸는 것? 1,000% 틀렸습니다.

그렇게 알고 있으니 습관, 성격, 스피치 바꾸는 게 어려운 것입니다. 어려운 방법을 하고 있으니 당연히 안되는 게 당연한 겁니다. 첫 단추부터 잘못 끼고 있으니 다 어렵게 느껴지는 겁니다.

이제는 바꾸는 것이 아니라 쌓는다. 쌓아 간다! 라고 외우면 됩니다.

습관은 바꾸는 게 아니라 쌓는 것

성격은 바꾸는 게 아니라 쌓는 것

스피치는 바꾸는 게 아니라 쌓는 것

20,000명 상담, 코칭, 2,000권 습관 책 독서, 44년 간 204가지 습관을 쌓으면서 알게 된 습관의 비밀! 왜 바꾸는 것이 아니라 쌓는 것인지 시작합니다!

습관, 성격, 스피치 바꾸는 것이 아니라 쌓는것?

습관 바꾸는 것이 아니라 쌓는 것!
성격 바꾸는 것이 아니라 쌓는 것!
스피치 바꾸는 것이 아니라 쌓는 것!

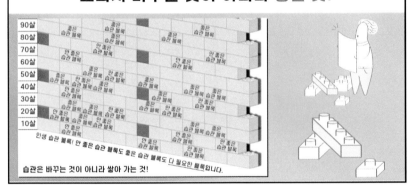

하루 습관적이지 않는 행동 5%, 습관적인 행동 95%

〈습관적이지 않는 행동〉 〈습관적 행동〉

– 출처: 〈하버드대학 행동과학연구소〉 –

한 사람이 하루에 하는 행동에서 5%만 습관적이지 않는 행동이고 나머지 95%는 습관적인 행동입니다.
단순하게 생각해 보면 경제적인 부분을 제외한다면 습관적인 행동 95%가 삶의 질을 좌지우지합니다.
아침에 눈 뜨고 잠자는 시간까지 모든 것이 습관적으로 행동합니다.

95%가 습관적인 행동이기에 습관이 답이고 인생 답이 습관에 있습니다.

사람이 살아가는데 습관이라는 것은 산소만큼 중요합니

다.

습관의 모든 답이 있습니다. 습관은 제2의 자아입니다. 습관은 제2의 심장입니다. 습관은 나의 부캐릭터입니다.

자존감이 낮은 사람들은 자존감이 낮은 습관을 하고 있고 자존감이 높은 사람은 자존감이 높은 습관을 하고 있습니다. 우울한 사람은 우울한 습관을 하고 있습니다. 항상 부정적인 사람은 부정적인 습관을 평상시에 많이 합니다. 긍정적인 사람, 행복한 사람은 긍정적인 습관, 행복한 습관을 평상시에 많이 하기 때문에 행복한 것입니다.

습관을 현미경으로 들여다 보면 돈쓰는 습관, 태도 습관,자존감 습관, 터닝포인트 습관, 자신감 습관, 행복 습관, 사랑 습관, 우울 습관... 자신이 살아가면서 자신의 모든 것들이 습관으로 만들어집니다.

지금 포노 사피엔스 시대입니다.
'포노사피엔스(phonosapiens)'는 '스마트폰(smartphone)'과 '호모 사피엔스(homo sapiens: 인류)'의 합성어로, 휴대폰을 신체의 일부처럼 사용하는 새로운 세대를 뜻한다. — 국어사전 —

스마트폰 없던 10년 전보다 습관을 쌓는 자료, 정보, 공식이 많아졌고 접하기 쉬운 환경인데 더 좋은 환경인데 더더더 습관 쌓기가 힘들어졌습니다.

왜 그럴까요?

습관 책 2,000권을 읽고 20,000명 상담, 코칭을 하며 자자자자멘습긍 강의, 코칭을 하면서 알게 된 것이 있습니다. (자자자자멘습긍: 자존감, 자신감, 자기관리, 자기계발, 멘탈, 습관, 긍정)
자신이 만들고 싶은 습관, 쌓고 싶은 습관에 집중해야 되는데 안 좋은 습관을 바꾸는데 집중을 하고 있습니다.

안 좋은 방법을 하고 있으니 안되는 게 당연한 겁니다. 수십 년 동안 만들어진 습관입니다. 안 좋은 습관이 되어버렸습니다. 굳은살처럼 굳어버렸습니다.

몇 십년 동안 안 좋은 습관이 만들어졌는데 1개월 만에 1년 만에 2년 만에 바꾸고 싶다? 욕심입니다.
습관 마다 시간이 다르지만 좋은 습관을 쌓으려면 10배의 시간을 더 투자해야 합니다.

기존에 가지고 있는 안 좋은 습관, 좋은 습관은 그대로 두고 앞으로 만들고 싶은 습관 앞으로 쌓고 싶은 습관에 집중하고 신경을 써야 합니다.

시작부터 안 되는 방법을 하고 있다?

예를 들겠습니다. 저는 술, 담배를 14년 전에 다 끊었습니다. 담배 피우는 습관이 쌓였습니다. 술 먹는 습관이 쌓였습니다. 담배를 한 번에 안 피우는 습관을 쌓는 것이 아니라 작게 사소하게 한 개비를 안 피우는 습관을 쌓아가야 합니다.

대부분 사람들은 어떻게 하죠? 하루에 담배 1갑씩 피었던 사람이 갑자기 담배를 안 피우려고 합니다.
한번에 안 피우는 습관을 쌓으려고 하면 몸에 무리가 생길 수 있고 몸에 좋지 않으며 더 어렵습니다.
하루에 한 갑을 피우는 사람이라면 1갑 20개비에서 19

담배를 피우는 것입니다.
한마디로 1개를 안 피우는 습관을 만드는 것입니다.
한마디로 1개를 안 피우는 습관을 쌓는 것입니다.
바꾸고 싶은 그 습관과 너무 동떨어지는 습관을 쌓으면
안됩니다. 비슷하고 연관된 습관을 사소하게 시작해야
합니다. 술을 하루에 1병 먹는다면 소주 1병에 7잔 입
니다. 1잔을 줄이는 습관을 쌓는 겁니다.
누구나 할 수 있지만 아무나 습관을 쌓지 못합니다.
자신의 미래를 보게 하는 게 지금 하고 있는 습관을 보
면 알 수 있습니다. 과거는 바꿀 수 없지만 지금 습관으
로 미래를 바꿀 수 있습니다.

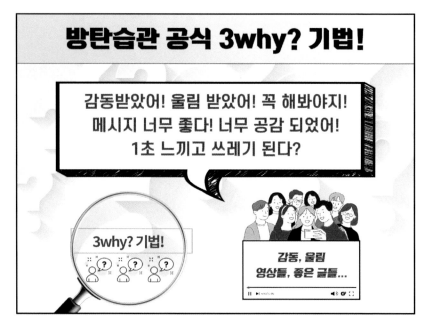

방탄습관블록을 학습, 연습, 훈련하기 위한 3why?기법!
대중 매체, 유튜브, SNS, 좋은 글, 좋은 사진, 좋은 영상
들 하루만에도 어마어마하게 봅니다.

"감동 받았어! 울림 받았어! 심쿵! 꼭 해봐야지! 메시지
너무 좋다! 너무 공감 되었어!" 순간 1초 느끼고 돌아서
면 다 쓰레기 되어버립니다.

방탄습관 공식 3why? 기법!

3why? 기법!

1. 첫 번째 왜? 어떻게 할 수 있는 거지?
2. 두 번째 왜? 평상시 어떤 습관이 있었기에?
3. 세 번째 왜? 지금 사소하게 무엇을 시작 할 수 있을까?

감동, 울림, 메시지를 1초 느끼고 쓰레기 만드는 것이 아니라 내 삶으로 가지와서 실천 동기부여 습관으로 만들 수 있는 공식이 방탄습관공식 3why?기법입니다.

첫 번째 왜? 어떻게 할 수 있는 거지?
두 번째 왜? 평상시에 어떤 습관이 있었기에?
세 번째 왜? 지금 사소하게 무엇을 시작 할 수 있을
　　　　　까?

6강 습관 보호막 학습, 연습, 훈련에서 1,500권을 본 습관 책에서 발췌한 스토리텔링을 듣고 순간 감동 받고 느끼며 끝나는 것이 아니라 3why?기법 공식을 대입을 해서 바로 자신의 생활 속에서 실천해야 되는데 쉽지 않습니다. 그래서 좀 더 쉽게 벤치마킹할 수 있도록 방탄습관 전문가인 필자의 181가지 습관 스토리텔링을 통해 자신의 생활 속에 습관과 접목을 시켜 실천 동기부여를 할 수 있게 해줄 것입니다.

#. 181가지 습관은 <나다운 방탄습관블록> 책이(2021년) 나오기 전입니다. 201가지 습관은 2022년 까지 쌓은 습관입니다.

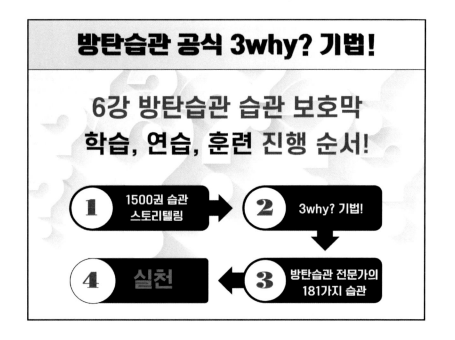

습관이 어려운 이유!
습관 고정관념을 깨지 못해서다!

습관

습관이 어려운 이유는 습관의 고정관념을 깨지 못해서입니다. 대한민국 5200만 명 중 5200만 명이 가지고 있는 습관 고정관념은 습관은 바꾸는 것이라고 알고 있습니다. 500% 틀렸습니다!

— 상담 스토리

선생님 세가요! 꼭 자침잡인고 같나는 제 모습을 보면 이렇게 참을성이 없나 싶고 자괴감이 들어 자존감이 내려올 집니다. 안 좋은 습관을 바꾸고 싶은 게 있는데요. 어떻게 하면 빠르게 안 좋은 습관을 바꿀 수 있을까요? 선생님 도와주십시오!

단순하게 말씀을 드리면 안 좋은 습관이 30년 동안 만들어졌다면 30년이 걸릴 거라고 생각하고 차근차근 꾸준히 해야 합니다. 하지만 평균적인 사람들의 심리는 만들어진 세월, 시간은 무시하고 한 달 두 달 안에 안 좋은 습관을 바꾸려고 합니다.
당연히 그렇게 바꾸는 사람도 있습니다. 대한민국 5,200만 명 중에 한 3명?

3가지 예를 들겠습니다
첫 번째 30년 동안 길들여진 습관을 바꾼다.
두 번째 30년 동안 길들여진 습관은 그대로 두고 좋은 습관을 만든다.
세 번째 지금 자신의 안 좋은 습관 블록, 좋은 습관 블록 있는 상황에서 앞으로 만들고 싶은 좋은 습관 블록을 쌓는다.

습관 아인슈타인 필자가 직접 해보고 20,000명 상담, 코칭 하면서 시간과 돈 낭비를 아끼 수는 것이 세 번째라는 것을 알게 되었습니다.

두 번째 만든다? 와 세 번째 쌓는다? 는 다른 겁니다.
만든다는 것은 기존의 것과 다른 습관을 만드는 것입니

다. 쌓는다는 것은 기존의 것과 연관된 습관을 쌓는다는 것입니다.

레고 블록으로 예를 들겠습니다. 색은 달라도 구멍 2개 있는 블록에 구멍이 3개 있는 것을 꽂으면 안 됩니다. 중간에 공간이 생겨 버리면 튼튼해지지 않습니다. 같은 블록끼리 쌓아야 튼튼하듯 습관도 쌓고 싶은 비슷한 습관을 쌓아야 합니다. 예) 담배 하루 1갑(20개비)을 피우다면 담배를 안 피우는 습관을 만드는 것이 아니라 19개비 피우는 습관을 쌓고 19개비 습관이 익숙해지면 18개비 식게, 사소하게 연관된 습관을 쌓는 것입니다.

습관은 양파처럼 겹겹이 쌓는 것이다!

양파처럼 겹겹이 습관을 쌓는다!

 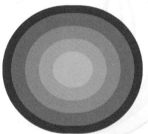

앞으로 좋은 습관 블록에 집중을 하고 쌓다보면 어느 순간에 안 좋은 습관을 안 하고 있다는 것입니다.
한마디로 좋은 습관에 묻혀 버립니다. 양파처럼 겹겹이 좋은 습관 블록을 계속 쌓아야 됩니다.
그래서 나다운 방탕습관블록에서 강조 강조 강조~~~ 하는 것이 기존의 안 좋은 습관을 그대로 두고 앞으로 쌓고 싶은 연관된 습관에 집중을 해야 합니다.

15,000명 상담하면서 알게 된 사람들이 잘못 알고 있는 또 다른 습관의 개념이 있습니다.

"3개월 꾸준히 하지 못했어!" "습관을 못 만들었어!" "에잇!" "다음부터 안 해!" "지금 지금 만드는 습관 포기 할 거야! 습관 안 만들어!

습관이 만들어지는 시기 21일, 100일 3개월을 하면 몸에 익숙해지고 고정된 습관이 됩니다.

사람의 동기부여, 의미부여는 성취감 누적으로 움직입니다.

며칠을 했더라도 하루를 했더라도, 3일을 했더라도 그성취감을 인정해주고 "그래 잘하고 있어" 누적을 시켜서다음 습관을 쌓는데 연료로 시도해야 하는데 새로운 계기를 기다리다가 지치고 포기합니다.

한마디로 경유 차량에 휘발유를 넣는 상황이 되어 버리면 안 되는 것입니다.

결과는 나오진 않았지만 그 노력, 열정, 도전으로 만들어진 사소한 성취감이야말로 노벨상을 받은 사람이 앞

더 주는 습관 공식 보다 더 중요하고 도움이 됩니다.

습관블록 성취감을 누적시키기 위해서는 3개월 동안 습관 유지를 하지 않았더라도 "잘했다고 잘하고 있다고 열심히 했다고" 스스로에게 성취감 셀프 누적을 시켜야 합니다.
더 큰 습관 블록을 쌓기 위한 용기를 스스로에게 줘야 합니다.

자신의 무한한 가능성을

방탄자기계발사관학교에서 시작하세요!
150년 a/s,관리,피드백 함께하겠습니다!

3장 방탄습관

자기계발코칭전문가
6강
습관 보호막 학습, 연습, 훈련

죽을 때까지 3가지? 빼고는
모든 것을 학습, 연습, 훈련해야 합니다!

1. 죽음

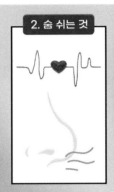

2. 숨 쉬는 것

3. 나이

학습, 연습, 훈련 **반복!**
자생능력
(혼자서 할 수 있는 능력)

양질전환 법칙!

책 12권 출간

책 2,000권 독서

20,000명 상담, 코칭

43년간
습관 204가지 만듦

방탕습관 블록 쌓기 공식!
몸 습관 블록, 머리 습관 블록, 마음 습관 블록

방탕습관 블록 쌓기 공식!

몸 습관 블록 쌓기, 머리 습관 블록 쌓기 ,마음 습관 블록 쌓기

몸 습관 블록 쌓기는 머리로 계산하지 않고 일단 시작을 해서 꾸준히 행동으로 옮기는 것입니다.

머리 습관 블록 쌓기는 안 좋은 습관은 좋은 습관보다 1,000배 빨리 쌓이기에 진지하게 계산해서 공식처럼 습관 블록을 쌓는 것입니다.

머리 습관 블록 쌓는 것도 스페이기에 학습, 일습, 훈련을 통해 쌓아 가는 것입니다.

마음 습관 굳혀 쌓기는 나 나가 아닌 우리 함께를 위한 마음으로 쌓는 것입니다.

6강 습관 보호막 학습, 연습, 훈련

나다운 방탄습관블록 (교재)
74P ~ 77P

[2장 몸 습관 블록 6]
300:1을 뚫은 습관

몸 습관 블록 300:1을 뚫은 습관

300대 1을 뚫은 한마디

취업 준비하던 시절, 나는 고객 만족 부문의 컨설턴트를 꿈꿨다. 그래서 한 유명 강연 업체에 지원했는데, 경쟁률이 무려 300대 1이었다. 합격할 거라곤 전혀 생각하지 못했다. 그런데 일주일 후 덜컥 합격 통지서가 날아들었다. 뜻밖이었다. 함께 면접을 본 지원자 중에는 뛰어난 사람이 많았다.

얼떨결에 첫 출근을 하고, 정신없이 하루하루를 보내던 어느 날이었다. 엘리베이터 앞에서 누군가 내 어깨를 툭 쳤다. 돌아보니 나를 면접한 이사님이었다. "일은 할 만한가?" "네, 솔직히 이번 채용에서 뽑힐 거라 생각 못 했습니다. 혹시 합격한 이유를 알 수 있을까요?" "커피 때문이지."
그는 어리둥절한 나를 쳐다보며 빙그레 웃었다.

"다른 지원자는 면접이 끝나고 모두 나한테 '오늘 시간 내주셔서 감사했습니다.'라고 인사하며 나갔는데 자네는 좀 다르더군. 지원자들이 마신 커피 잔을 가지고 나가는 직원에게 '커피 정말 맛있었습니다.'라고 했지. 그렇게 말한 사람은 자네밖에 없었어. 그래서 뽑은 거야. 서비스 분야에서 성공한 이들의 특징이 뭔지 아는가?

그들에게는 더 중요한 고객도, 덜 중요한 고객도 없다는 거야." "커피 잘 마셨습니다."라는 인사는 누구나 할 수 있다. 하지만 누구에게나 하지는 못한다. 작은 행동 하나가 내 인생을 바꿔 놓을 줄은 몰랐다.

『어떤 능력이 당신을 최고로 만드는가』미쓰자와 마키, 토네이도 2015

어떤 교훈이 느껴지시나요? "인사 하나로 합격을 할 수도 있구나." 인사를 잘하자?
감동, 울림, 메시지가 있는 내용들 99% 사람들은 1초 느끼고 사라진다는 것입니다. 극단적인 말로 1초 느끼고 다 쓰레기가 되어버립니다.

쓰레기 되는 것을 방지하고 내 것으로 만들고 내 삶으로 가져와서 실천할 수 있는 공식이 나다운 방탄습관불 독 공식인 3why? 기법! 입니다.

방탄습관 블록 공식 3why? 기법! 학습, 연습, 훈련!

첫 번째 왜? 다른 지원자들은 그 직원에게 관심이 없어 아무 말도 안 하고 나갔는데 어떻게 이 지원자만 관심을 갖고 "커피 잘 마셨습니다." 말을 할 수 있었을까?

두 번째 왜? 평상시 어떤 인사, 관심 습관이 있었기에?

세 번째 왜? 지금 생활 속에서 사소하게 무엇부터 시작을 해야 인사, 관심 습관 블록을 쌓을까?

3why? 기법! 어떻게? 평상시? 사소하게 시작할까?
구구단 공식처럼 외우고 다니십시오!

방탄습관 전문가의 인사, 관심 습관 블록 쌓기

필자의 204가지 습관 중에 인사 습관 블록을 쌓기 위해
서 (2021년 까지 쌓은 습관 181가지 / 2022년 까지 쌓
은 습관 204가지) 계산할 때 양손으로 주고받고 인사를
하고 있습니다.
편의점, 마트... 카드를 빼서 계산 할 때 현금을 줄 때
무조건 양손으로 주면서 인사하고 받으면서 인사합니다.
운전 할 때도 양보 해줄 때, 양보로 받을 때 목례로 인사를 합니다.

상대방이 인사를 하면 인사를 하고 먼저 하지는 않았던 사람이었습니다. 대부분 사람들이 이럴 것입니다.

필자 스스로가 의미부여, 동기부여를 하기 위해 인사 습관, 존중 습관, 배려 습관, 양보 습관 스펙을 쌓는다는 마음으로 먼저 인사를 했습니다.

나다운 방탄습관블록 (교재)
184 ~ 190

[3장 머리 습관 블록 25]
내 분야를 즐겁고 행복하게 일할 수 있도록 만들어 주는 습관

내 분야를 즐겁고 행복하게 일할 수 있도록 만들어 주는 습관!

언제가 할 거면 지금 하자! 지금 하기 위해서는?
누군가 할 거면 내가 하자! 내가 하기 위해서는?
이왕 할 거면 즐겁게 하자! 즐겁게 하기 위해서는?
지금 하는 일에 의미 부여, 동기부여를 잘 해야만 지금
할 수 있고, 내가 할 수 있고, 즐겁게 할 수 있습니다.

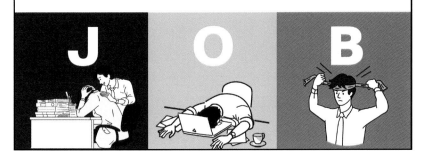

머리 습관 블록
내 분야를 즐겁고 행복하게 일할 수 있도록 만들어 주는 습관

언젠가 할 거면 지금 하자! 지금 하기 위해서는?

누군가 할 거면 내가 하자! 내가 하기 위해서는?

이왕 할 거면 즐겁게 하자! 즐겁게 하기 위해서는?

내 분야를 즐겁고 행복하게 일할 수 있도록 만들어 주는 습관 블록을 어떻게 쌓을 것인가?

즐거운 일은 없습니다. 행복한 일은 없습니다.
지금 하는 일을 즐겁게, 행복하게 해야만 즐겁고 행복한 일을 만날 수 있습니다.

소설가의 꿈을 품었던 한 남자가 있었다. 하지만 등단에 실패하면서 그는 생계를 위해 취직을 했고 마음속으로 결심했다. 최소한의 일만 하면서 작품을 준비해 하루빨리 이곳을 벗어나야지.

이곳은 잠깐 들렀다 가는 곳일 뿐이야. 그랬던 그는 회사를 18년이나 더 다녔고, 함께 입사했던 동기와 후임들이 승진하는 것을 지켜보며 희망퇴직을 했다. 그 후 그는 자신의 삶을 돌아보며 책을 한 권 써냈는데 가장 큰 첫 번째 후회로 꿈을 핑계로 전력질주하지 못한 점을 꼽았다. 나는 내가 하는 일이 쓸모없다고만 생각했고, 퇴근하고 나서는 불평하기 바빴다.

결과적으로 어느 것도 얻지 못했다. 꿈이 있으므로 지금 하는 일에 최선을 다하지 않는다는 건 꿈을 팔아 핑계를 대는 일이었다. 싫어하는 일에도 최선을 다하는 태도를 보일 수 있을 때.
당신은 정말 꿈을 위한 일에 온몸을 바칠 수 있게 된다. 어중간하게 싸워서 지지 마라. 몸과 마음을 다해 싸운 자에게는 저마다 만족할 수 있는 인생이 준비되어 있다.

『18년이나 다닌 회사를 그만두고 후회한 12가지』 와다 이치로, 한빛비즈, 2015

어떤 교훈이 느껴지나요?

"아~ 지금 하는 일을 최선을 다해야 되겠다." 땡 끝? 1초만 느끼고 쓰레기 되는 스토리를 내 삶으로 가져와 실천할 수 있는 방탄습관블록 쌓기 3why? 기법!

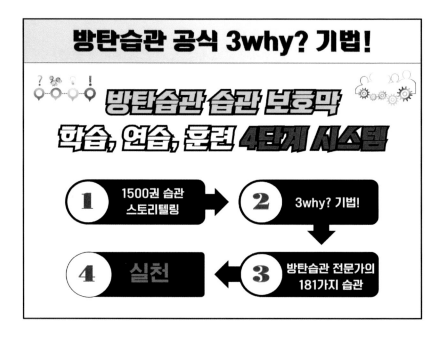

첫 번째 왜? 어떻게 하면 하는 일에 의미 부여, 동기부여를 할 수 있을까?

두 번째 왜? 평상시 어떻게 하면 하는 일에 의미 부여, 동기부여를 해서 즐겁게, 행복하게 일 할 수 있는 습관을 쌓을까?

세 번째 왜? 지금 생활 속에서 사소하게 무엇부터 시작을 해야? 즐겁게, 행복하게 일하는 습관 블록을 쌓을 수 있을까?

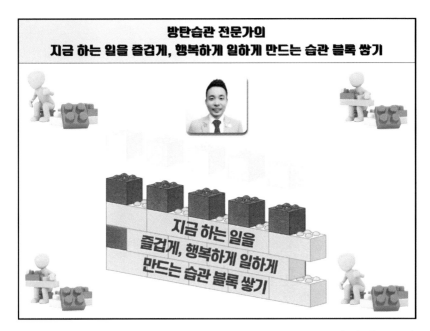

방탄습관 전문가의 지금 하는 일을 즐겁게, 행복하게 일하게 만드는 습관 블록 쌓기

20,000명을 상담, 코칭하면서 알게 된 것이 있습니다.
하는 일을 즐겁고 행복하게 못하는 사람들이 자주 하는 말이 있습니다.

"지금 다니는 학교가 적성에 안 맞아서 졸업장만 따려고 다니는 겁니다. 그래서 대충하는 거예요."

"지금 회사는 돈만 벌려고 다니는 거지. 어차피 대충대충 하다가 그만 둘 거예요. 얼마 안 할 거예요."

"하고 싶은 일이 있습니다. 하고 싶은 일 만나면 그때 열심히 할 거예요."

대부분 사람들은 이런 마인드로 인생을 살아갑니다. 즐거운 일을 하고 있어야, 하고 싶은 일을 하고 있어야, 꿈이었던 일을 해야 즐겁고 행복하게 일할 수 있을 거라는 착각 속에 살고 있습니다. 프레임에 갇혀 살고 있습니다.

지금 하고 있는 일에 의미부여, 동기부여를 하지 못하는 사람들이 너무나도 많다는 것입니다.

그럴 수밖에 없습니다. 하루 벌어 하루 먹고 사는 사람들이 많기 때문입니다. 그림에도 불구하고 즐겁고 행복하게 일하는 사람들과 무슨 차이 일까요? 그런 사람이 없으면 편사가 많은 안 하겠는데 상담을 하다 보면 똑같은 상황인데, 똑같은 직업인데, 똑같이 하고 싶은 일이 아닌데 누군가는 즐겁고 행복하게 일하고 있습니다. 누군가는 질질 끌려 다니면서 일을 하고 있습니다.

20,000명 상담, 코칭 하면서 알게 된 것은 의미부여, 동기부여를 잘해야 지금 하는 일을 즐겁고 행복하게 할 수 있다는 것입니다.

지금 하는 일을 의미부여, 동기부여 습관을 쌓기 위해 머리 싸매고 학습, 연습, 훈련을 해야 합니다. 그렇지 않으면 평생 하고 싶은 일, 즐거운 일, 행복한 일은 만날 수 없습니다.

만나더라도 "이 일은 내일 이 아니야 말을 합니다."

이것이 사람의 본능이고 심리입니다.

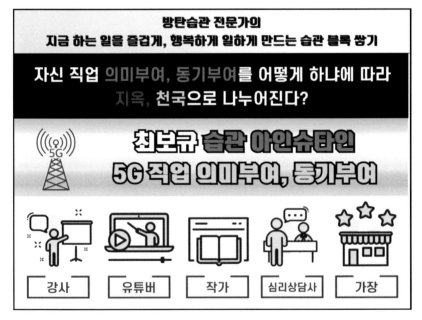

필자가 하고 있는 의미부여, 동기부여 벤치마킹해서 나답게 의무부여, 동기부여 만들어 가세요!

필자는 5G 직업을 가지고 있습니다.

나는 사람을 변화시켜 주는 강사입니다.

내가 강의 준비, 공부, 변화, 훈련하는 모든 것은 사람을 변화시켜 인생 터닝포인트를 시켜주는 것이고 강사 몸값어치를 올리는 것입니다.

나는 함께 잘 먹고 잘 살기 위한 유튜버입니다. 내 영상 하나로 인해 그 사람 가족 지인들까지 잘되게 해줄 수 있습니다.

나의 영상 하나는 10억의 작품입니다.

영상이 아니라 작품을 제작하는 유튜버입니다.

나는 자기계발서 12권을 출간함으로써 사람들의 삶의 질을 올려 주는 작가입니다.

나온 책들로 인해서 앞으로 나올 책들로 인해서 사람들의 나다운 행복을 찾게 해주는 작가입니다. 나다운 행복을 만들어 주는 작가입니다.

어떤 의미부여, 동기부여를 하나에 따라서 엄청나게 하는 일에 가치가 달라지는 겁니다.

나는 사람을 살리는 심리상담사입니다.

나로 인해 극단적인 선택을 하려는 사람들의 마음을 돌려놓는 생명지킴이입니다.

그 어떤 직업보다 사명감이 있는 심리상담사입니다.

내 삶으로 주위 사람들의 마음을 안정시켜 주는 심리상담사입니다.

가정이 무너지면 모든 것이 끝나기에 최보규 삶의 영순위인 가정, 아내, 가족에게 집중하는 가장입니다.

한 집의 가장도 직업이라는 마음가짐으로 관리를 해야 되는 것입니다. 아내라는 대표에게 안 짤리기 위해서 더 신경 쓰고 더 열심히 해야 합니다.

즐거운 일을 해야만 즐거운 일이 아닙니다.

행복한 일을 해야지만 행복한 일이 아닙니다.

그런 일은 없다는 마음가짐으로 살아야지 속이 편하고 스트레스를 덜 받습니다.

지금 하는 일이 좋아하는 일이 원하는 일이 아니어도 의미부여, 동기부여를 잘한다면 지금 하는 일을 즐겁고 행복하게 할 수 있습니다.

그러다 운 좋게 진짜 하고 싶은 일, 꿈에 그리던 일을 만난 다면 시너지 효과를 볼 수 있습니다.

6강 습관 보호막 학습, 연습, 훈련

나다운 방탄습관블록 (교재)
210 ~ 212

[4장 마음(방탄멘탈) 습관 블록 29]
나 하나쯤이야 습관! 나 하나라도 습관!

나 하나쯤이야 습관! 나 하나라도 습관!

나 하나쯤이야 습관은
자신을 게으르게 만듭니다.
변화, 성장 막습니다.
자신 인생을 어둡게 합니다.

나 하나라도 습관은
자신을 부지런하게 만듭니다.
변화, 성장을 돕습니다.
자신 인생을 밝게 합니다.

나 하나쯤이야 습관! 나 하나라도 습관!

나 하나쯤이야 습관은 자신을 게으르게 만듭니다. 자신의 변화를 막습니다. 자신의 성장을 막습니다. 자신의 인생을 어둡게 합니다.

나 하나라도 습관은 자신을 부지런하게 만듭니다. 자신의 변화를 돕습니다. 자신의 성장을 돕습니다. 자신의 인생을 밝게 합니다.

서울에 있는 어느 대학의 학생이 미화원 아주머니를 돕기 위해 도서관에 설치된 정수기 옆에 이런 내용의 메

모지를 붙였습니다.

"안녕하세요, 도서관을 자주 이용하는 늙은 고시생입니다.

다름 아니라 어머님이 정수기 물받이를 비우실 때 일일이 종이컵을 손으로 건져내셔야 해서 많은 불편을 겪고 계십니다! 번거로우시겠지만 종이컵은 쓰레기통에 넣어주세요. (통 자체도 물이 차면 엄청 무거움ㅠㅠ). 부탁드릴게요. -법돌이 올림-

이 메모를 읽은 미화원 아주머니는 법대 학생이 쓴 그 메모지 옆에 이런 내용의 재치 있는 메모지를 붙여 감사의 뜻을 전했습니다. "법 공부하는 학생님 전(前), 이 미화원 아주머니를 친어머니처럼 생각 해줘서 너무 고맙습니다. 한번 만나보고 싶습니다. 그동안 종이컵이 물통에 많이 있었는데, 이 글을 쓴 뒤에 거의 100% 가까운 효과를 보고 있습니다. 남자 화장실 맡은 아줌마 올림."

『지치지 않는 힘』이민규, 끌리는책, 2018

이 스토리텔링에서 이런 생각을 하는 사람이 90% 일 것입니다. "나라도 그런 메모지 남길 수 있겠다" 보기에는 쉬워도 쉬운 것을 행동으로 옮긴다는 게 아무나 못 합니다.

스토리텔링 듣고 또 어떤 교훈이 느껴지십니까?

"아~~ 상대방을 위해서 작은 메모장 감동이네" 땡 끝?

1초만 느끼고 쓰레기 되는 스토리를 내 삶으로 가져와 실천할 수 있는 방탄습관블록 쌓기 3why? 기법!

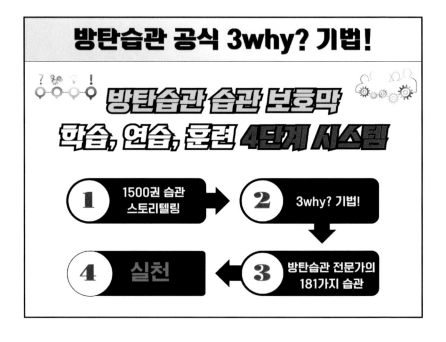

첫 번째 왜? 다들 무시하는 사소한 것을 어떻게 저 법

돌이는 아주머니를 위해서 저런 행동을 했을까?

두 번째 왜? 평상시에 어떻게 하면 나 하나쯤이야 습관이 아닌 나 하나라도 습관을 쌓을 수 있을까?

세 번째 왜? 지금 생활 속에서 사소하게 무엇부터 시작을 해야 나 하나쯤이야 습관이 아니라 나 하나라도 습관을 쌓을 수 있을까?

방탄습관 전문가의 나 하나쯤이야 습관이 아닌 나 하나라도 습관 블록 쌓기

누구나 나 하나쯤이야 습관이 있습니다.

어디 놀러 가더라도 "에잇! 나 하나쯤이야 누가 치우겠지."

나 하나쯤 말 속에는 게으름, 귀차니즘, 함께 가 아니라 나만 있습니다.

나 하나라도 말 속에는 부지런함, 성실함, 우리 함께 라는 의미가 있습니다.

"나 하나라도 하자" 습관을 쌓기 위해 필자가 생활 속에서 실천하고 있는 것은 전단지 받기였습니다.

필자가 친구가 길을 가다 겪은 스토리입니다.

친구랑 길을 가다가 전단지를 주는 사람 만났습니다.
친구는 무시하고 지나쳤지만 저는 전단지를 받았습니다.
양손으로 받고 인사했습니다. 그리고 전단지를 읽어본
뒤 분리수거함에 넣었습니다. 그 모습을 본 친구가 "너
는 쓸데없이 버릴 걸 왜 받냐? 이 바보야!"
"내가 한 장 받으면 그분이 1초라도 퇴근을 먼저 할 수
있잖아. 그래서 받았어! 이거라도 도움 주고 싶어서" "친
구야 미안하다."
"미안하면 너도 나 같은 마음으로 받아서 바로 길바닥에
버리지 말고 분리수거함에 넣었으면 좋겠다."

강한 정신력, 강한 멘탈은 어디서 나오는지 아십니까?
"혼자 잘 먹고 잘 살자가 아니라 우리 함께 잘 먹고 잘
살자" 마음으로 말하고 보며 행동할 때 강한 정신력, 멘
탈이 만들어지는 것입니다.

우리는 지금부터 사소하게 무엇부터 시작을 해야 나 하
나쯤이야 습관이 아니라 나 하나라도 습관을 쌓을 수
있을까요? 시작합시다!

자동차가 움직이려면 20,000 ~ 30,000가지 부품들이

합쳐져서 움직입니다. 손목시계는 100 ~ 200개 부품들이 합쳐져서 움직입니다. 스마트폰은 50 ~ 100가지 부품들이 합쳐져서 움직입니다. 최보규는 204가지 습관들이 모여서 나다운 인생, 나다운 행복을 만들어 갑니다. 누구답게가 아니라 당신답게 만들어 갑시다.

듣는 것은 0.1초, 본 것은 1초
메모하고 행동한 것만 100년 간다!
학습, 연습, 훈련 반복!
자생능력 생길 때까지! (혼자서 할 수 있는 능력)

방탄습관블록
행동 수칙 10가지 공식

습관 아인슈타인 최쌤의
귀에 쏙쏙 들어오는 습관 공식

1	습관의 고정관념, 틀, 선입견, 편견을 깨지 못하면 나다운 습관은 쌓지 못한다
2	나다운 방탄습관블록 3:7 공식 원리 이해! 방탄습관블록 3why? 기법!
3	노벨상을 받은 사람의 습관 공식? 세계 1억 5천만 부 팔린 책 습관 공식? 다 잊어라!
4	나다운 몸 습관 블록 쌓기 원리
5	나다운 몸 습관 블록 쌓기
6	나다운 머리 습관 블록 쌓기 원리
7	나다운 머리 습관 블록 쌓기
8	나다운 마음(방탄멘탈)습관 블록 쌓기 원리
9	나다운 마음(방탄멘탈)습관 블록 쌓기
10	당신의 가능성은 무한대이지만 혼자서는 나다운 방탄습관블록을 쌓을 수 없다!

습관의 고정관념, 틀, 선입견, 편견을 깨지 못하면 나다운 습관은 쌓지 못한다

습관의 고.틀.선.편 깨기

습관은 바꾸는 것이다? 성격은 바꾸는 것이다? 스피치는 바꾸는 것이다? 바꾸려 하니 힘들고 어려우며 오래 지속 못하는 것입니다. 습관, 성격, 스피치는 쌓는 것이다! 습관을 바꾸는 것이 아니라 기존의 습관을 유지한 상태에서 쌓아 가는 것이라는 개념을 먼저 알아야 합니다. 바꾼다는 단어부터 쓰지 않는 게 시작입니다. 바꾼다? 쌓는다? 어떤 것이 더 쉬울까요? 당연히 둘 다 어렵지만 둘만 비교를 한다면 쌓는 쪽이 더 쉬울 것입니다. 습관 블록 쌓기 위한 학습, 연습, 훈련은 습관사관학교!

나다운 방탄습관블록 3:7 공식 원리 이해!

방탄습관블록 3:7 공식!

나다운 3 : 7공식! 30%(유명한 습관 공식 10개 중 3개 벤치마킹) 70%(시행착오, 대가 지불을 통한 자신 경험) 남이 보편적으로 하는 거 줄이기 남이 게을러서, 귀찮아서 안 하는 거 하기. 세상 모든 것이 바뀌어도 나다움의 본질은 바뀌지 않는다. 세상 모든 습관 공식이 바뀌어도 나다운 습관은 바뀌지 않는다.
나다운 방탄습관블록이 당신이 그렇게 숨을 거두는 날까지 찾아 헤매는 습관 공식입니다. 습관 아인슈타인 최보규!

습관 아인슈타인 최보규

▶ 세계 최초 강사 백과사전 창시자.
▶ 세계 최초 강사 사용 설명서 창시자.
▶ 세계 최초 방탄멘탈 창시자.
▶ 세계 최초 행복히어로 창시자.
▶ 세계 최초 행복자기계발 창시자.
▶ 세계 최초 방탄습관블록 창시자.
▶ 삼성(진정성, 전문성, 신뢰성)이 검증된 코칭 전문가

더 알아가기 **잠깐!** 습관 아인슈타인 최보규는 누구인가?

▶ YouTube 방탄자기계발 NAVER 최보규

방탄습관블록 3why? 기법!

3why? 기법!

감동, 울림, 메시지 순간 느끼고 끝나는 것이 아니라 내 것으로 만들기 위한 3why? 기법!

첫 번째, 왜? 어떻게 저런 행동을 할 수 있었을까?

두 번째, 왜? 평상시 어떤 습관이 있었을까?

세 번째, 왜? 지금 생활 속에서 사소하게 무엇부터 시작을 할 수 있을까?

자신의 첫 질문이 인생 전부가 될 수 있다. "내가 할 수 있겠어?" 라는 말을 하면 핑계를 찾게 되고 "어떻게 하면 할 수 있을까?" 라는 말을 하면 방법을 찾게 된다.

나다운 방탄습관블록 행동 수칙 10가지 공식 **3**

노벨상을 받은 사람의 습관 공식?
세계 1억 5천만 부 팔린 책 습관 공식? 다 잊어라!

카레이서 운전습관이 아닌 나다운 운전습관!

카레이서의 운전 습관이 중요한 것이 아니라 나다운 운전 습관이 중요합니다. 카레이서 운전 습관은 필요 없습니다.

많은 운전 경험으로 자신의 운전 습관 스타일 감을 잡아야 합니다.

하지만 세상, 현실은 카레이서가 되라고 끊임없이 유혹하며 나다운 습관을 찾지 말라는 흐름으로 가고 있습니다.

'세계 인구가 78억 명이면 운전 습관도 78억 개' 이다.

습관도 78억개 나다운 방탄습관블록이 중요한 것입니다.

나다운 방탄습관블록 행동 수칙 10가지 공식 **4**

나다운 몸 습관 블록 쌓기 원리

몸 습관 블록 쌓기는 머리로 계산하지 않고
일단 시작해서 꾸준히 행동을 하는 것입니다.

더 알아가기 | **잠깐!** 습관 아인슈타인 최보규는 누구인가?

▶ YouTube 방탄자기계발 | NAVER   최보규

나다운 방탄습관블록 행동 수칙 10가지 공식

나다운 몸 습관 블록 쌓기

몸 습관 블록 쌓기는 의욕이 있어야 하는게 아닙니다. 해야 되는 마음이 생겨야 하는게 아닙니다. 계기가 있어야 하는 것이 아닙니다.
누가 보더라도 '나도 할 수 있겠다' 사소한 행동을 몸이 익숙해질 때까지 하는 것입니다. 일단 시작하면 의욕이 생기고 마음이 생겨 계기가 만들어집니다. 몸 습관 블록 쌓기 포인트는 어제 보다 한 개만 더하자, 0.1% 나아짐입니다.
어제 줄넘기 10개 했다면 오늘 줄넘기 15개, 어제 1분 뛰었다면 오늘 2분 뛰기입니다. 어제보다 나은 내가 되자!

나다운 방탄습관블록 행동 수칙 10가지 공식

나다운 머리 습관 블록 쌓기 원리

머리 습관 블록 쌓기는
안 좋은 습관은 좋은 습관 보다 1,000배는 빠르게 쌓이기에
철저하게 계산해서 공식처럼 습관 블록을 쌓는 것입니다.
머리 습관 블록 쌓기는 스펙이다!
학습, 연습, 훈련을 통해 쌓아 가는 것입니다.
3혹(현혹, 유혹, 화혹) 되지 않는 습관 블록을 쌓기 위한 학습, 연습, 훈련

더 알아가기　**잠깐!** 습관 아인슈타인 최보규는 누구인가?

▶YouTube 방탄자기계발　NAVER 최보규

100

나다운 몸 습관 블록 쌓기

포노 사피엔스 시대는 3혹으로 모든 생각, 행동, 패턴, 가치관, 살아가는 의미가 틀렸다고 끊임없이 3혹 시켜 우울하게 만들 것입니다.

현혹 : 정신을 빼앗겨 해야 할 바를 잊어버림.

유혹 : 꾀어서 정신을 혼미하게 하거나 좋지 아니한 길로 이끎. 성적인 목적을 갖고 이성(異性)을 꾐. 화혹 : 화려함에 혹하는 것.

철저하게 자신에게 어떤 도움이 되는지 계산을 통해 머리 습관 블록을 쌓아야 합니다. 노오력은 계산하지 않는 꾸준함이라면 올바른 노력은 계산적 꾸준함, 계산적 나아짐입니다.

나다운 마음(방탄멘탈)습관 블록 쌓기 원리

**마음 습관 블록 쌓기는
나 너가 아닌 우리, 함께를 위한
마음으로 쌓는 것입니다.**

더 알아가기

잠깐! 습관 아인슈타인 최보규는 누구인가?

▶ YouTube 방탄자기계발

NAVER 최보규

나다운 마음(방탄멘탈)습관 블록 쌓기

나 하나 쯤이가 아니라 나 하나라도 하자. 나의 1%는 누군가에게는 살아가는 이유 100%가 될 수 있다. 내가 어려운 사람을 돕는게 아니라 어려운 사람이 내게 도울 기회를 주는 것이다. 나 혼자 잘 먹고 잘 살자 습관이 아닌 우리, 함께 잘 먹고 잘 살기 위한 습관 블록 쌓기는 습관 블록 쌓기 중에서도 가장 강력한 힘이 있는 습관 블록 쌓기입니다.

마음(방탄멘탈)습관 블록 쌓기를 잘 하면 자신 자존감, 멘탈, 긍정, 태도를 올려줘서 주위 사람들에게 선한 영향력을 끼쳐 자신, 함께하는 사람들 행복률을 올려준다.

당신의 가능성은 무한대이지만
혼자서는 나다운 방탄습관블록을 쌓을 수 없다!

세계 최초 방탄습관사관학교

스마트폰에서 쏟아지는 습관 공식들 넘쳐나지만 늘 그때뿐이다. 감동, 울림, 메시지, 느낌오는 만큼 실천 하는 사람은 0.1%도 안됩니다.

자생능력(혼자서 할 수 있는 능력)이 생길 때까지 철저하게 계산적으로 삼성이(진정성, 전문성, 신뢰성) 검증된 전문가에게 체계적인 시스템이 있는 곳에서 학습, 연습, 훈련을 해야 합니다.

세상에서 가장 중요한 스펙이 습관 스펙입니다.

방탄습관사관학교에서 시작하세요! 100년 함께해드립니다.

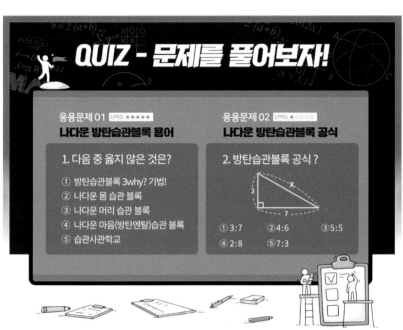

QUIZ - 문제를 풀어보자!

응용문제 01 난이도 ★★★★★
나다운 방탄습관블록 용어

1. 다음 중 옳지 않은 것은?

① 방탄습관블록 3why? 기법!
② 나다운 몸 습관 블록
③ 나다운 머리 습관 블록
④ 나다운 마음(방탄멘탈)습관 블록
⑤ 습관사관학교

응용문제 02 난이도 ★☆☆☆☆
나다운 방탄습관블록 공식

2. 방탄습관블록 공식 ?

① 3:7 　② 4:6 　③ 5:5
④ 2:8 　⑤ 7:3

지금 바로 상담 받으세요!

습관 아인슈타인 최쌤의 귀에 쏙쏙 들어오는 습관 공식

자신을 못 믿겠나요?　THANK YOU　자신을 믿어주는 최보규를 믿고 시작합시다!

Google 자기계발아마존　YouTube 방탄자기계발　NAVER 방탄자기계발사관학교　NAVER 최보규

자신의 무한한 가능성을
방탄자기계발사관학교에서 시작하세요!
150년 a/s,관리,피드백 함께하겠습니다!
부록
Google 자기계발아마존
방탄자기계발
사관학교

자신의 무한한 가능성을
방탄자기계발사관학교에서 시작하세요!

방탄자존감 사관학교　방탄행복 사관학교　방탄멘탈 사관학교　방탄습관 사관학교

방탄사랑 사관학교　방탄웃음 사관학교　방탄강사 사관학교　방탄책쓰기 사관학교　방탄유튜버 사관학교

방탄자기계발
심화(1급) 코칭

9개 분야 중 심화 코칭 받고 싶은 분야 선택 가능!

(자존감, 행복, 멘탈, 습관, 사랑, 웃음, 강사, 책 쓰기, 유튜버)

1개 분야 (5시간)	6개 분야 (30시간)
2개 분야 (10시간)	7개 분야 (35시간)
3개 부야 (15시간)	8개 분야 (40시간)
4개 분야 (20시간)	9개 분야 (45시간)
5개 분야 (25시간)	

상담 무료!
최보규 대표
☎ 010-6578-8295
✉ nice5889@naver.com

방탄자기계발 내공, 스펙, 값어치

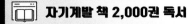

 자기계발 책 2,000권 독서

20,000명 상담 코칭

 자기계발 책 12권 출간

 44년간 자기계발 습관 204가지 만듦

방탄자기계발 심화(1급) 코칭

9개 분야 중 심화 코칭 받고 싶은 분야 선택 가능!

(자존감, 행복, 멘탈, 습관, 사랑, 웃음, 강사, 책 쓰기, 유튜버)

1개 분야 (5시간)	6개 분야 (30시간)
2개 분야 (10시간)	7개 분야 (35시간)
3개 부야 (15시간)	8개 분야 (40시간)
4개 분야 (20시간)	9개 분야 (45시간)
5개 분야 (25시간)	

상담 무료!

최보규 대표

☎ 📧 010-6578-8295

nice5889@naver.com

방탄자존감 자기계발

클래스 1단계	자존감 종합검진
클래스 2단계	방탄자존감 1단계 (자존감 원리 이해)
클래스 3단계	방탄자존감 2단계 (후시딘 자존감)
클래스 4단계	방탄자존감 3단계 (마데카솔 자존감)
클래스 5단계	방탄자존감 실천 동기부여

방탄자기계발
심화(1급) 코칭

9개 분야 중 심화 코칭 받고 싶은 분야 선택 가능!

(자존감, 행복, 멘탈, 습관, 사랑, 웃음, 강사, 책 쓰기, 유튜버)

1개 분야 (5시간)	6개 분야 (30시간)
2개 분야 (10시간)	7개 분야 (35시간)
3개 분야 (15시간)	8개 분야 (40시간)
4개 분야 (20시간)	9개 분야 (45시간)
5개 분야 (25시간)	

상담 무료!
최보규 대표
☎ ✉ 010-6578-8295
nice5889@naver.com

방탄행복 자기계발

클래스 1단계	행복 초등학생, 행복 중학생, 행복 고등학생 001강 ~ 030강
클래스 2단계	행복 전문학사 = 031강 ~ 050강 행복 학사 = 051강 ~ 080강
클래스 3단계	행복 석사 = 081강 ~ 100강
클래스 4단계	행복 박사 = 101강 ~ 120강
클래스 5단계	행복 히어로 = 120강 ~ 135강

방탄자기계발 심화(1급) 코칭

9개 분야 중 심화 코칭 받고 싶은 분야 선택 가능!

(자존감, 행복, 멘탈, 습관, 사랑, 웃음, 강사, 책 쓰기, 유튜버)

1개 분야 (5시간)	6개 분야 (30시간)
2개 분야 (10시간)	7개 분야 (35시간)
3개 부야 (15시간)	8개 분야 (40시간)
4개 분야 (20시간)	9개 분야 (45시간)
5개 분야 (25시간)	

상담 무료!
최보규 대표
📱✉ 010-6578-8295
nice5889@naver.com

방탄멘탈 자기계발

클래스 1단계	순두부 멘탈 step 01 ~ step 10 실버 멘탈 step 11 ~ step 20
클래스 2단계	골드 멘탈 step 21 ~ step 30 에메랄드 멘탈 step 31 ~ step 40
클래스 3단계	다이아몬드 멘탈 step 41 ~ step 50
클래스 4단계	블루다이아몬드 멘탈 step 51 ~ step 70
클래스 5단계	나다운 방탄멘탈 step 71 ~ step 115

방탄자기계발 심화(1급) 코칭

9개 분야 중 심화 코칭 받고 싶은 분야 선택 가능!

(자존감, 행복, 멘탈, 습관, 사랑, 웃음, 강사, 책 쓰기, 유튜버)

1개 분야 (5시간)	6개 분야 (30시간)
2개 분야 (10시간)	7개 분야 (35시간)
3개 분야 (15시간)	8개 분야 (40시간)
4개 분야 (20시간)	9개 분야 (45시간)
5개 분야 (25시간)	

상담 무료!
최보규 대표
☎ 010-6578-8295
nice5889@naver.com

방탄습관 자기계발

클래스 1단계	나다운 방탄습관블록 공식
클래스 2단계	몸 습관 블록 쌓기
클래스 3단계	머리 습관 블록 쌓기
클래스 4단계	마음(방탄멘탈)습관 블록 쌓기
클래스 5단계	자신 습관 종합검진 습관 처방전과 실천 동기부여

방탄사랑 자기계발

클래스 1단계	결혼은 한명이 아닌 세명과 한다. 사랑 본질 학습, 연습, 훈련
클래스 2단계	부부 방탄멘탈 업그레이드 1
클래스 3단계	부부 방탄멘탈 업그레이드 2
클래스 4단계	부부행복 (부부서로 행복히어로 되어주기)
클래스 5단계	부부 13계명 학습, 연습, 훈련 1 부부 13계명 학습, 연습, 훈련 2 (화해의 기술)

방탄자기계발 심화(1급) 코칭

9개 분야 중 심화 코칭 받고 싶은 분야 선택 가능!

(자존감, 행복, 멘탈, 습관, 사랑, 웃음, 강사, 책 쓰기, 유튜버)

1개 분야 (5시간)	6개 분야 (30시간)
2개 분야 (10시간)	7개 분야 (35시간)
3개 부야 (15시간)	8개 분야 (40시간)
4개 분야 (20시간)	9개 분야 (45시간)
5개 분야 (25시간)	

상담 무료!
최보규 대표
☎ 010-6578-8295
nice5889@naver.com

방탄웃음 자기계발

클래스 1단계	방탄웃음 원리 이해 (학습, 연습, 훈련)
클래스 2단계	방탄웃음 스팟 기법 (학습, 연습, 훈련)
클래스 3단계	방탄웃음 실전 기법 (학습, 연습, 훈련)
클래스 4단계	방탄웃음 습관 사용설명서 (학습, 연습, 훈련)
클래스 5단계	방탄웃음 실전 강의 청강 (강사료 100만 원 실전 강의)

방탄강사 자기계발

클래스 1단계	강의 시작 집중기법, SPOT 기법 아이스브레이킹 기법, SPOT+메시지기법
클래스 2단계	스토리텔링 기법
클래스 3단계	엑티비티 팀빌딩 기법 (팀 워크, 조직활성화)
클래스 4단계	강사 인성, 매너, 개념, 멘탈 교육 강사 연차 별 준비, 변화 방법! 강사료 올리는 방법!
클래스 5단계	3D.4D 강의 기법. 담당자, 청중, 학습자가 원하는 강의기법

방탄자기계발 심화(1급) 코칭

9개 분야 중 심화 코칭 받고 싶은 분야 선택 가능!

(자존감, 행복, 멘탈, 습관, 사랑, 웃음, 강사, 책 쓰기, 유튜버)

1개 분야 (5시간)	6개 분야 (30시간)
2개 분야 (10시간)	7개 분야 (35시간)
3개 분야 (15시간)	8개 분야 (40시간)
4개 분야 (20시간)	9개 분야 (45시간)
5개 분야 (25시간)	

상담 무료!
최보규 대표
☎ 010-6578-8295
nice5889@naver.com

방탄책쓰기 자기계발

클래스 1단계	책 쓰기, 책 출간 의미 부여, 목표, 방향 설정 (5가지 책 출판 장단점)
클래스 2단계	7G (원고, 투고, 퇴고, 탈고, 투고, 강의, 강사)
클래스 3단계	온라인 콘텐츠 연결 기획, 제작
클래스 4단계	디지털 콘텐츠 연결 기획, 제작
클래스 5단계	자신 분야 연결 제2수입, 제3수입 발생 무인 시스템 기획, 제작

방탄자기계발
심화(1급) 코칭

9개 분야 중 심화 코칭 받고 싶은 분야 선택 가능!

(자존감, 행복, 멘탈, 습관, 사랑, 웃음, 강사, 책 쓰기, 유튜버)

1개 분야 (5시간)
2개 분야 (10시간)
3개 부야 (15시간)
4개 분야 (20시간)
5개 분야 (25시간)

6개 분야 (30시간)
7개 분야 (35시간)
8개 분야 (40시간)
9개 분야 (45시간)

상담 무료!
최보규 대표
010-6578-8295
nice5889@naver.com

방탄유튜버 자기계발

클래스 1단계	유튜브 시작 준비! (채널 100년 목표, 방향, 자신 분야 연결)
클래스 2단계	영상 촬영 방향! (영상 콘셉트, 기획)
클래스 3단계	촬영 기법! (기본 장비, 촬영 도구, 카메라)
클래스 4단계	영상 업로드! (편집프로그램, 영상 편집 기본 세팅)
클래스 5단계	유튜버 인성, 매너, 멘탈, 홍보전략 (유튜버 태도) 자신 분야 연결 제2수입, 제3수입 발생 무인 시스템 기획, 제작

4차 산업시대는
4차 강사인 방탄강사!

커리큘럼

NAVER 방탄자기계발사관학교

클래스명	내용	1급(온,오)
강사 현실	강사 현실(생계형 강사 90% 강사님 강사료가 어떻게 되나요?	1강
강사 준비 1	강사라는 직업을 시작하려는 분들 준비, 학습, 연습, 훈련!	2강-1부
강사 준비 2	강사라는 직업을 시작하려는 분들 준비, 학습, 연습, 훈련!	3강-2부
강사 준비 3	강사라는 직업을 시작하려는 분들 준비, 학습, 연습, 훈련!	4강-3부
1년차 ~ 3년차	1년차 ~ 3년차 경력 있는 강사들 준비, 학습, 연습, 훈련!	5강
3년차 ~ 5년차	3년차 ~ 5년차 경력 있는 강사들 준비, 학습, 연습, 훈련!	6강
5년차 ~ 10년차 1	5년차 ~ 10년차 이상 경력 있는 강사들 준비, 학습,연습, 훈련!	7강-1부
5년차 ~ 10년차 2	5년차 ~ 10년차 이상 경력 있는 강사들 준비, 학습,연습, 훈련!	8강-2부
5년차 ~ 10년차 3	5년차 ~ 10년차 이상 경력 있는 강사들 준비, 학습,연습, 훈련!	9강-3부
5년차 ~ 10년차 4	5년차 ~ 10년차 이상 경력 있는 강사들 준비, 학습,연습, 훈련!	10강-4부
강의, 강사 트렌드	교육담당자, 청중, 학습자가 원하는 강의 강사 트렌드! 2022년 부터 ~ 2150년 강의, 강사 트렌드!	11강
코칭전문가	코칭전문가 10계명(품위유지의무)	12강

"국가등록 민간자격"

★ 자격증명: 강사코칭전문가 2급, 1급
★ 등록번호: 2022-001741
★ 주무부처: 교육부
★ 자격증 종류: 모바일 자격증

강사코칭전문가2급
필기/실기

강사코칭전문가2급 필기시험/실기시험

\#. 자격증 검증비, 발급비 50,000원 발생
 (입금 확인 후 시험 응시 가능)

▶ 1강~11강(객관식):(10문제 = 6문제 합격)

▶ 12강(주관식):(10문제 = 6문제 합격)

▶ 시험 응시자 문자, 메일 제목에 자기계발코칭전문
  가2급 시험 응시합니다.
  최보규 010-6578-8295 / nice5889@naver.com

▶ 네이버 폼으로 문제를 보내주면 1주일 안에 제출!
  합격 여부 1주일 안에 메일, 문자로 통보!
  100점 만점에 60점 안되면 다시 제출!

강사코칭전문가1급 필기/실기

강사코칭전문가1급 필기시험/실기시험

강사코칭전문가2급 취득 후 온라인 (줌)1:1, 오프라인1:1 선택! 강사 종합검진후 맞춤 집중 코칭! 2급과 동일하게 필기시험, 실기시험(코칭 비용 상담)

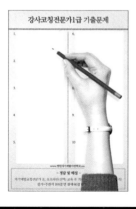

강사코칭전문가2급 커리큘럼

클래스명	내용	1급(온,오)
강사 현실	강사 현실(생계형 강사 90% 강사님 강사료가 어떻게 되나요?	1강
강사 준비 1	강사라는 직업을 시작하려는 분들 준비, 학습, 연습, 훈련!	2강-1부
강사 준비 2	강사라는 직업을 시작하려는 분들 준비, 학습, 연습, 훈련!	3강-2부
강사 준비 3	강사라는 직업을 시작하려는 분들 준비, 학습, 연습, 훈련!	4강-3부
1년차 ~ 3년차	1년차 ~ 3년차 경력 있는 강사들 준비, 학습, 연습, 훈련!	5강
3년차 ~ 5년차	3년차 ~ 5년차 경력 있는 강사들 준비, 학습, 연습, 훈련!	6강
5년차 ~ 10년차 1	5년차 ~ 10년차 이상 경력 있는 강사들 준비, 학습,연습, 훈련!	7강-1부
5년차 ~ 10년차 2	5년차 ~ 10년차 이상 경력 있는 강사들 준비, 학습,연습, 훈련!	8강-2부
5년차 ~ 10년차 3	5년차 ~ 10년차 이상 경력 있는 강사들 준비, 학습,연습, 훈련!	9강-3부
5년차 ~ 10년차 4	5년차 ~ 10년차 이상 경력 있는 강사들 준비, 학습,연습, 훈련!	10강-4부
강의, 강사 트렌드	교육담당자, 청중, 학습자가 원하는 강의 강사 트렌드! 2022년 부터 ~ 2150년 강의, 강사 트렌드!	11강
코칭전문가	코칭전문가 10계명(품위유지의무)	12강

강사코칭전문가1급 커리큘럼

클래스명	내용	1급(온,오)
집중 기법	강의 시작 동기부여 강의 집중 기법	1강
SPOT 기법	아이스브레이킹 기법 (SPOT+메시지기법)	2강
스토리텔링 기법	집중기법+스토리텔링 기법	3강
강사료UP	강사료 올리는 방법! 강사 인성, 매너, 개념, 멘탈 교육	4강
강의트랜드	담당자, 청중, 학습자가 원하는 강의기법 트랜드	5강

최보규 방탄자기계발 전문가

삼성이 검증된 100가지 기술력

(진정성, 전문성, 신뢰성)　www.방탄자기계발사관학교.com

1	방탄 자존감 코칭 기술	13	방탄 강사 코칭 기술	25	방탄 리더십 코칭 기술	37	종이책 쓰기 코칭 기술
2	방탄 자신감 코칭 기술	14	방탄 강의 코칭 기술	26	방탄 인간관계 코칭 기술	38	PDF책 쓰기 코칭 기술
3	방탄 자기관리 코칭 기술	15	파워포인트 코칭 기술	27	방탄 인성 코칭 기술	39	PPT로 책 출간 코칭 기술
4	방탄 자기계발 코칭 기술	16	강사 트레이닝 코칭 기술	28	방탄 사랑 코칭 기술	40	자격증교육 커리큘럼으로 책 출간 코칭 기술
5	방탄 멘탈 코칭 기술	17	강사 스킬UP 코칭 기술	29	스트레스 해소 코칭 기술	41	자격증교육 커리큘럼으로 영상 제작 코칭 기술
6	방탄 습관 코칭 기술	18	강사 인성, 멘탈 코칭 기술	30	힐링, 웃음, FUN 코칭 기술	42	책으로 디지털콘텐츠 제작 코칭 기술
7	방탄 긍정 코칭 기술	19	강사 습관 코칭 기술	31	마인드컨트롤 코칭 기술	43	책으로 온라인콘텐츠 제작 코칭 기술
8	방탄 행복 코칭 기술	20	강사 자기계발 코칭 기술	32	사명감 코칭 기술	44	책으로 네이버 인물등록 코칭 기술
9	방탄 동기부여 코칭 기술	21	강사 자기관리 코칭 기술	33	신념, 열정 코칭 기술	45	책으로 강의 교안 제작 코칭 기술
10	방탄 정신교육 코칭 기술	22	강사 양성 코칭 기술	34	팀워크 코칭 기술	46	책으로 민간 자격증 만드는 코칭 기술
11	꿈 코칭 기술	23	강사 양성 과정 코칭 기술	35	협동, 협업 코칭 기술	47	책으로 자격증과정 8시간 제작 코칭 기술
12	목표 코칭 기술	24	퍼스널프랜딩 코칭 기술	36	버킷리스트 코칭 기술	48	책으로 유튜브 콘텐츠 제작 코칭 기술

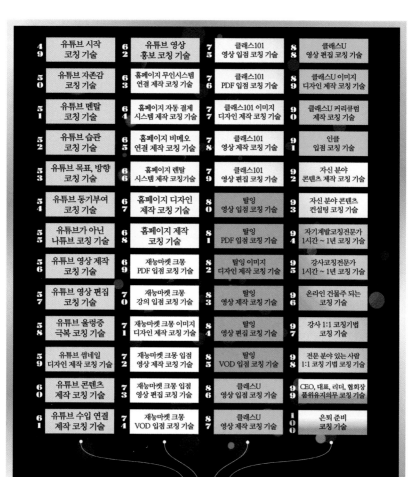

49 유튜브 시작 코칭 기술	**62** 유튜브 영상 홍보 코칭 기술	**75** 클래스101 영상 입점 코칭 기술	**88** 클래스U 영상 편집 코칭 기술
50 유튜브 자존감 코칭 기술	**63** 홈페이지 무인시스템 연결 제작 코칭 기술	**76** 클래스101 PDF 입점 코칭 기술	**89** 클래스U 이미지 디자인 제작 코칭 기술
51 유튜브 멘탈 코칭 기술	**64** 홈페이지 자동 결제 시스템 제작 코칭 기술	**77** 클래스101 이미지 디자인 제작 코칭 기술	**90** 클래스U 커리큘럼 제작 코칭 기술
52 유튜브 습관 코칭 기술	**65** 홈페이지 비메오 연결 제작 코칭 기술	**78** 클래스101 영상 제작 코칭 기술	**91** 인클 입점 코칭 기술
53 유튜브 목표, 방향 코칭 기술	**66** 홈페이지 렌탈 시스템 제작 코칭기술	**79** 클래스101 영상 편집 코칭 기술	**92** 자신 분야 콘텐츠 제작 코칭 기술
54 유튜브 동기부여 코칭 기술	**67** 홈페이지 디자인 제작 코칭 기술	**80** 탈잉 영상 입점 코칭 기술	**93** 자신 분야 콘텐츠 컨설팅 코칭 기술
55 유튜브가 아닌 나튜브 코칭 기술	**68** 홈페이지 제작 코칭 기술	**81** 탈잉 PDF 입점 코칭 기술	**94** 자기계발코칭전문가 1시간 ~ 1년 코칭 기술
56 유튜브 영상 제작 코칭 기술	**69** 재능마켓 크몽 PDF 입점 코칭 기술	**82** 탈잉 이미지 디자인 제작 코칭 기술	**95** 강사코칭전문가 1시간 ~ 1년 코칭 기술
57 유튜브 영상 편집 코칭 기술	**70** 재능마켓 크몽 강의 입점 코칭 기술	**83** 탈잉 영상 제작 코칭 기술	**96** 온라인 건물주 되는 코칭 기술
58 유튜브 울렁증 극복 코칭 기술	**71** 재능마켓 크몽 이미지 디자인 제작 코칭 기술	**84** 탈잉 영상 편집 코칭 기술	**97** 강사 1:1 코칭기법 코칭 기술
59 유튜브 썸네일 디자인 제작 코칭 기술	**72** 재능마켓 크몽 입점 영상 제작 코칭 기술	**85** 탈잉 VOD 입점 코칭 기술	**98** 전문 분야 있는 사람 1:1 코칭 기법 코칭 기술
60 유튜브 콘텐츠 제작 코칭 기술	**73** 재능마켓 크몽 입점 영상 편집 코칭 기술	**86** 클래스U 영상 입점 코칭 기술	**99** CEO, 대표, 리더, 협회장 품위유지의무 코칭 기술
61 유튜브 수입 연결 제작 코칭 기술	**74** 재능마켓 크몽 VOD 입점 코칭 기술	**87** 클래스U 영상 제작 코칭 기술	**100** 은퇴 준비 코칭 기술

세계 최초! 우주 책임감 150년 A/S, 관리, 피드백
최보규 대표 010- 6578-8295

한 분야 전문가로는 힘든 시대! 온라인 건물주!
자신 분야 삼성(진정성, 전문성, 신뢰성)을 높여
제2수입, 제3수입 발생시켜 은퇴 후 30년을 준비하자!

최보규 방탄자기계발 전문가

삼성이 검증된 자기계발 기술 책

(진정성, 전문성, 신뢰성) www.방탄자기계발사관학교.com

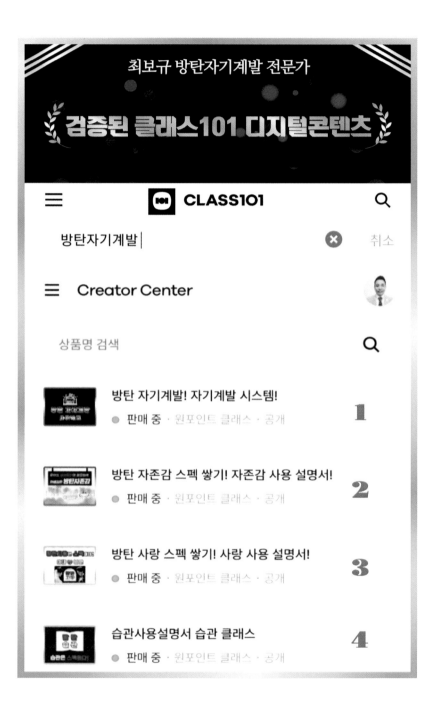

검증된 클래스101 디지털콘텐츠

 CLASS101 🔍

방탄자기계발| ✕ 취소

☰ **Creator Center**

 자기계발백과사전
● 판매 중 · 전자책 · 공개 **6**

 방탄자존감! 자존감 사전!
● 판매 중 · 전자책 · 공개 **7**

 방탄자존감! 자존감 사용설명서!
● 판매 중 · 전자책 · 공개 **8**

 강사 백과사전! 강사 사용설명서!
● 판매 중 · 전자책 · 공개 **9**

 행복도 스펙이다! 행복 사용설명서!
● 판매 중 · 전자책 · 공개 **10**

검증된 크몽 디지털콘텐츠

어떤 전문가를 찾으시나요?

> Q 최보규

#395236

온라인 건물주 되는 방법 알려
드립니다.

300,000원

1

#354416

방탄자존감 학습, 연습, 훈련시켜
드립니다.

20,000원

2

#361095

자기계발 학습, 연습, 훈련시켜
드립니다.

30,000원

3

🔔 😊 **kmong**

#294884

행복 사용 설명서로 행복케어
멘탈케어 코칭해 드립니다.

20,000원

4

#339149

인생의 산소 자존감 학습, 연습 ,
훈련시켜 드립니다.

20,000원

5

#324745

방탄습관 사용설명서,
습관백과사전, 습관코칭해 드립...

20,000원

6

#289339

강사의 모든 것 강사 백과사전,
강사 사용설명서를 드립니다.

20,000원

7

탈잉

Q 최보규

📖 전자책 **1**

[튜터전자책]방탄자존감
사전1,2 / 134P+106P

자기 관리 · 최보규

20,000원

📖 전자책 **2**

[튜터전자책]습관백과사전/
방탄습관1=131P ....

인문·교양 · 최보규

20,000원

📖 전자책 **3**

[튜터전자책]행복공식1=138
P . 행복공식2=145P)

인문·교양 · 최보규

22,000원

🎥 녹화영상 **4**

당신도 온라인 건물주.
자기계발코칭전문가.영상...

인문·교양 · 최보규

210,000원

최보규 방탄자기계발 전문가

검증된 클래스U 디지털콘텐츠

자기계발코칭전문가 자격증
13강(자격증 발급), 1:1 코칭 연결

CLASSU   클래스 개설   로그인

\# 무엇을 배우고 싶나요?   🔍

←   최보규   ✕

클래스 2개   ↑↓ 정확도순

참 쉽죠! 온라인 건물주!

최보규

월 70,000원   **1**

방탄사랑! 사랑 사용 설명서!
사랑도 스펙이다!

최보규

월 50,000원   **2**

최보규 방탄자기계발 전문가

검증된 인클 디지털콘텐츠

≡ 인클 　　　방탄자기계발 　🔍 👤

노력 자기계발이 아닌 방탄자기계발 　　　▶

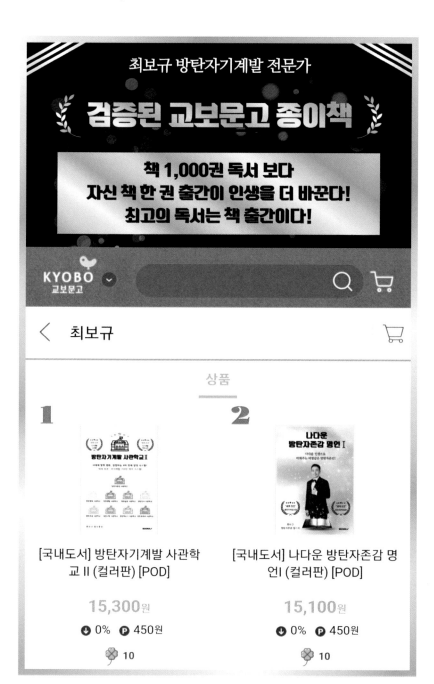

3

[국내도서] 나다운 방탄습관블록 (컬러판) [POD]

26,500원

⬇ 0%　Ⓟ 790원

🍀 10

4

[국내도서] 나다운 방탄 카피 사전 (컬러판) [POD]

16,900원

⬇ 0%　Ⓟ 500원

🍀 10

5

[국내도서] 행복히어로 (컬러판) [POD]

23,000원

⬇ 0%　Ⓟ 690원

🍀 10

6

[국내도서] 나다운 방탄멘탈 : 하루가 멀다하고 내 멘탈을 흔드는 세상속 <나다운 방탄멘탈>로|...

15,120원

⬇ 10%　Ⓟ 840원

🍀 10

< 최보규

 7

[국내도서] 나다운 강사 1 : 강사 내비게이션

13,500원

⬇ 10% ℗ 750원

🍀 10

 **8**

[국내도서] 방탄자기계발 사관학교 IV (컬러판) [POD]

13,500원

⬇ 0% ℗ 400원

🍀 10

 9

[국내도서] 나다운 강사 2 : 강사 사용 설명서

13,500원

⬇ 10% ℗ 750원

🍀 10

10

[국내도서] 방탄자기계발 사관학교 III (컬러판) [POD]

15,400원

⬇ 0% ℗ 460원

🍀 10

검증된 교보문고 종이책

< 최보규

11

[국내도서] 나다운 방탄자존감 명
언 II (컬러판) [POD]

15,400원

⬇ 0% ℗ 460원

🍀 10

12

[국내도서] 방탄자기계발 사관학
교I(컬러판) [POD]

16,900원

⬇ 0% ℗ 500원

🍀 10

책을 출간한다고 전문가가 되는 건 아니지만 전문가들은 자신 전문 분야 책이 2~3권이 있다!

최보규 방탄자기계발 전문가

검증된 교보문고 eBook

KYOBO eBook

최보규방탄자기계발전문가

100%

133

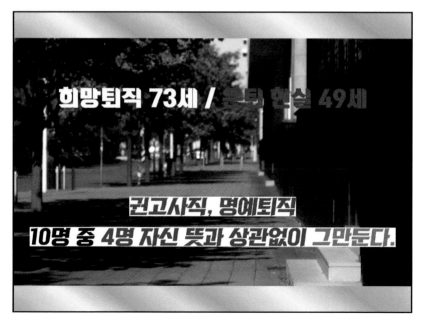

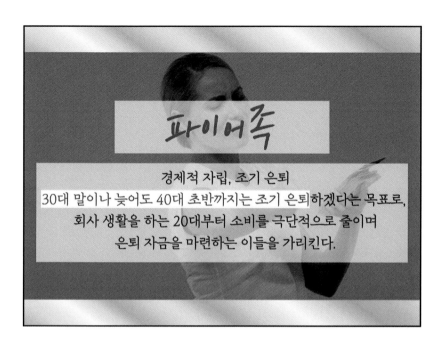

파이어족

경제적 자립, 조기 은퇴
30대 말이나 늦어도 40대 초반까지는 조기 은퇴하겠다는 목표로,
회사 생활을 하는 20대부터 소비를 극단적으로 줄이며
은퇴 자금을 마련하는 이들을 가리킨다.

30세 은퇴를 위해 최OO씨 공무원
28세 회사

40세 은퇴를 위해 김00씨 00공기업

35세 퇴사

50세 은퇴를 위해 000씨 00기업

45세 퇴사

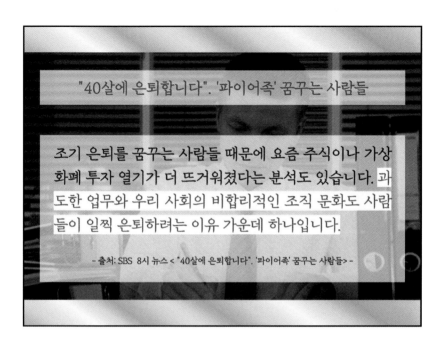

"40살에 은퇴합니다". '파이어족' 꿈꾸는 사람들

조기 은퇴를 꿈꾸는 사람들 때문에 요즘 주식이나 가상 화폐 투자 열기가 더 뜨거워졌다는 분석도 있습니다. 과도한 업무와 우리 사회의 비합리적인 조직 문화도 사람들이 일찍 은퇴하려는 이유 가운데 하나입니다.

- 출처: SBS 8시 뉴스 < "40살에 은퇴합니다". '파이어족' 꿈꾸는 사람들> -

이00씨 00대기업

50세 명예퇴직

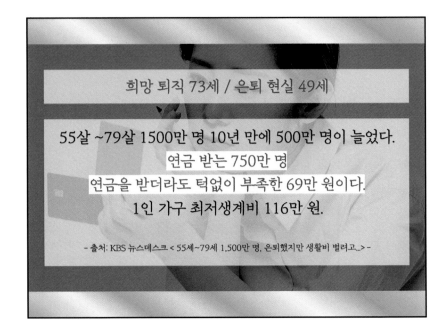

희망 퇴직 73세 / 은퇴 현실 49세

55살 ~79살 1500만 명 10년 만에 500만 명이 늘었다.
연금 받는 750만 명
연금을 받더라도 턱없이 부족한 69만 원이다.
1인 가구 최저생계비 116만 원.

- 출처: KBS 뉴스데스크 < 55세~79세 1,500만 명, 은퇴했지만 생활비 벌려고...> -

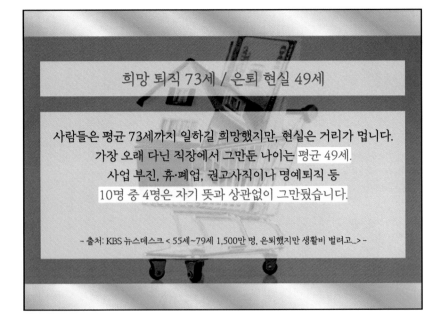

희망 퇴직 73세 / 은퇴 현실 49세

사람들은 평균 73세까지 일하길 희망했지만, 현실은 거리가 멉니다.
가장 오래 다닌 직장에서 그만둔 나이는 평균 49세.
사업 부진, 휴·폐업, 권고사직이나 명예퇴직 등
10명 중 4명은 자기 뜻과 상관없이 그만뒀습니다.

- 출처: KBS 뉴스데스크 < 55세~79세 1,500만 명, 은퇴했지만 생활비 벌려고...> -

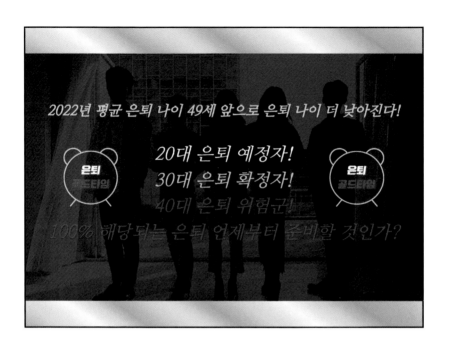

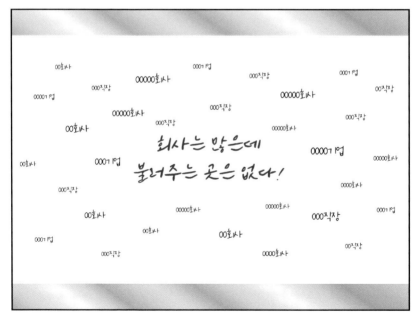

10년, 20년 경력... 인정해 주는 곳은 없고
어떻게 하면 활용, 연결할 수 있을까?

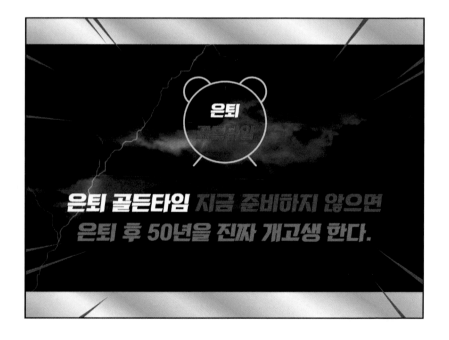

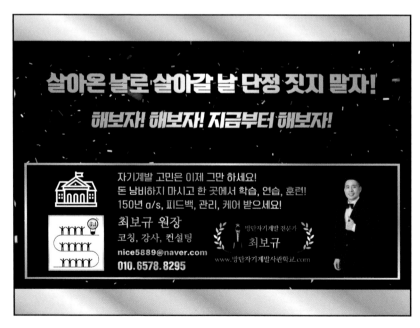

100만 프리랜서들의 고민 베스트 3
1. 움직이지 않으면 돈을 벌 수 없는 현실!
2. 고정적인 수입 발생이 어려운 현실!
3. 프리랜서 비수기 평균 5개월인 현실!

자신 분야로
움직이지 않아도, 5개월 비수기 때도
고정적인 월세, 연금처럼 수입이
100년(자녀에게 유산으로 줄 수 있는 수입) 발생하는
시스템을 소개합니다!

집중하세요!

사무실이 필요 없는 시스템!

직원이 필요 없는 시스템!

휴식 중에도 돈이 들어오는 시스템!

가족들과 여행 중에도 돈이 빨리는 시스템!

최보규원장이 그 마음 알기에 함께 잘 먹고 잘 살기 위해
지금 현실, 앞으로 힘든 시기를 극복하는 터닝포인트 기회를 드립니다!

조물주 위에 건물주
다음 생에도 힘든 온라인 건물주가 되세요.

방탄자기계발 컨트롤타워에서
온라인 타워팰리스 분양받으세요!

분양 받기 어렵겠지?

비용이 많이 들겠지?

NOPE

NOPE

자기계발아마존

무조건

선택해야하는 이유

합리적인 비용

영상제작 · 디자인 · 편집 · 자신분야 컨설팅

초기 비용 0원

NAVER 자기계발아마존

Go gle 자기계발아마존

프리랜서 힘들죠? 지치죠?
전문 분야를 만들어 제대로 인정 받고 싶죠?
전국 돌아다니다 보니 몸이 성한 곳이 없죠?
나이가 많아서 불러 주는 사람이 점점 줄어 들고
자신 분야 프리랜서 직업의 미래가 불안하시죠?

100만 명 프리랜서 들의 걱정, 고민 들
세계 최초 자기계발 쇼핑몰을 창시한
최보규 원장이 그 마음들 알기에 함께 잘 살기 위한 시스템인
자기계발아마존에서 극복할 수 있습니다.

자기계발 아마존! 홈페이지 통합!
(자동 결제 홈페이지 렌탈 서비스!)

언제까지 몸으로만 일 할 것인가?

홈페이지가 일하게 하자! 콘텐츠가 일하게 하자!
자동화시스템이 일하게 하자! 자기계발 아마존 초이스!

| NAVER 방탄자기계발사관학교 | ▶YouTube 방탄자기계발 | Google 자기계발아마존 | NAVER 최보규 |

9가지 비교 항목	A사 (플렛폼)	B사 (플렛폼)	C사 (플렛폼)	자기계발 아마존
홈페이지 초기 제작 비용 / 매달 비용	무료 매달 3~10만 원	100~200만 원 매달 3~10만 원	200~300만 원 매달 3~10만 원	무료 매달 5만 원
홈페이지 운영, 관리	전문가 비용 100~200만 원	전문가 비용 100~200만 원	전문가 비용 100~200만 원	무료
자동 / 무인 결제시스템	X (시스템 없음)	제작 비용 100~200만 원	제작 비용 100~200만 원	무료
디지털 콘텐츠 제작 촬영, 편집, 상세디자인	X (시스템 없음)	제작 비용 100~200만 원	제작 비용 200~300만 원	무료
디지털 콘텐츠 운영 비용 (매달 비용)	X (시스템 없음)	매달 3~10만 원	매달 3~10만 원	매달 5만 원
협업을 통한 회원 모집, 교류 시스템	X (시스템 없음)	X (시스템 없음)	X (시스템 없음)	홈페이지 통합 시스템으로 협업으로회원을 모집, 교류, 공유
콘텐츠 개발, 연결 (제2, 제3, 제4 수입 창출)	X (시스템 없음)	X (시스템 없음)	제작 비용 500~1,000만 원	무료 컨설팅 (기획, 제작) 콘텐츠에 따라 비용 발생
A/S, 관리, 피드백	1년~2년	1년~2년	1년~2년	150년 무료
총 비용	초기 비용 100~200만 원 매달 비용 3~10만 원	초기 비용 500~1,000만 원 매달 비용 5~20만 원	초기 비용 1,000~2,000만 원 매달 비용 5~20만 원	초기 비용 무료 매달 비용 5~10만 원

1. 자기계발 아마존! 홈페이지 렌탈서비스는 차별화가 아닌 초월이다!

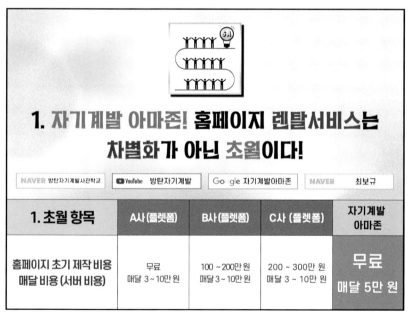

1. 초월 항목	A사 (플렛폼)	B사 (플렛폼)	C사 (플렛폼)	자기계발 아마존
홈페이지 초기 제작 비용 매달 비용 (서버 비용)	무료 매달 3 ~ 10만 원	100 ~ 200만 원 매달 3 ~ 10만 원	200 ~ 300만 원 매달 3 ~ 10만 원	**무료** 매달 5만 원

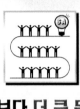

2. 홈페이지 제작보다 더 큰 돈이 들어가는 것?
홈페이지 운영, 관리 하기 위한 전문가 비용이다!

| NAVER 방탄자기계발사관학교 | ▶YouTube 방탄자기계발 | Google 자기계발아마존 | NAVER 최보규 |

2. 초월 항목	A사 (플렛폼)	B사 (플렛폼)	C사 (플렛폼)	자기계발 아마존
홈페이지 운영, 관리 비용 (매달 들어가는 비용)	전문가 비용 100~200만 원	전문가비용 100~200만원	전문가 비용 100 ~ 200만 원	무료 (매달 무료)

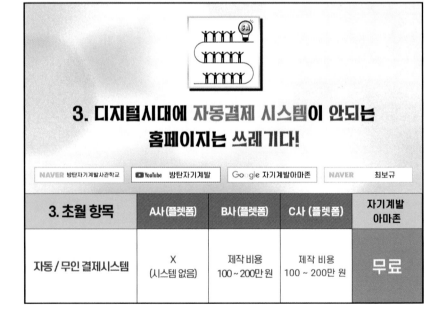

3. 디지털시대에 자동결제 시스템이 안되는
홈페이지는 쓰레기다!

| NAVER 방탄자기계발사관학교 | ▶YouTube 방탄자기계발 | Google 자기계발아마존 | NAVER 최보규 |

3. 초월 항목	A사 (플렛폼)	B사 (플렛폼)	C사 (플렛폼)	자기계발 아마존
자동 / 무인 결제시스템	X (시스템 없음)	제작 비용 100~200만 원	제작 비용 100 ~ 200만 원	무료

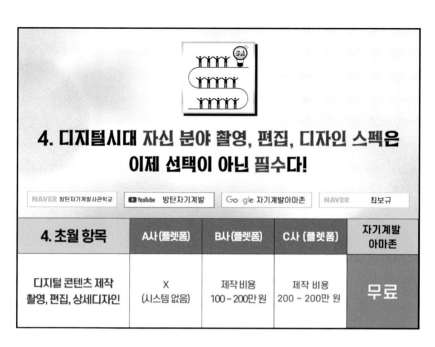

4. 디지털시대 자신 분야 촬영, 편집, 디자인 스펙은 이제 선택이 아닌 필수다!

NAVER 방탄자기계발사관학교	▶YouTube 방탄자기계발	Go gle 자기계발아마존	NAVER 최보규

4. 초월 항목	A사 (플렛폼)	B사 (플렛폼)	C사 (플렛폼)	자기계발아마존
디지털 콘텐츠 제작 촬영, 편집, 상세디자인	X (시스템 없음)	제작 비용 100~200만 원	제작 비용 200~200만 원	무료

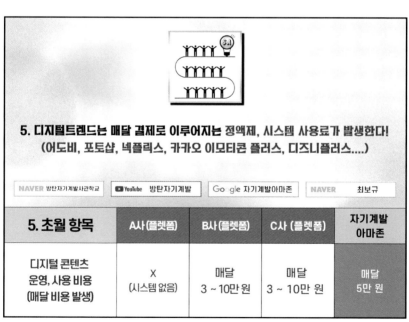

5. 디지털트렌드는 매달 결제로 이루어지는 정액제, 시스템 사용료가 발생한다!
(어도비, 포토샵, 넥플릭스, 카카오 이모티콘 플러스, 디즈니플러스....)

NAVER 방탄자기계발사관학교	▶YouTube 방탄자기계발	Go gle 자기계발아마존	NAVER 최보규

5. 초월 항목	A사 (플렛폼)	B사 (플렛폼)	C사 (플렛폼)	자기계발아마존
디지털 콘텐츠 운영, 사용 비용 (매달 비용 발생)	X (시스템 없음)	매달 3~10만 원	매달 3~10만 원	매달 5만 원

6. 협회, 단체, 단톡방, 밴드... 많은 모임들을 한 곳에서 자유롭게 교류, 모집, 콘텐츠 공유를 통해 고립되고 있는 모임들 활성화!

NAVER 방탄자기계발사관학교   ▶YouTube 방탄자기계발   Google 자기계발아마존   NAVER   최보규

6. 초월 항목	A사 (플렛폼)	B사 (플렛폼)	C사 (플렛폼)	자기계발 아마존
협업을 통한 회원 모집, 교류 시스템	X (시스템 없음)	X (시스템 없음)	X (시스템 없음)	홈페이지 통합 시스템 협업으로 회원을 모집, 교류, 공유

7. 앞으로는 자신 분야 한 가지 콘텐츠로 살아남지 못한다. 자신 분야를 연결시킬 수 있는 3 ~ 5개 콘텐츠를 개발하여 무인 시스템이 되는 콘텐츠로 연결시켜 제2, 제3, 제4 수입 창출하자!

NAVER 방탄자기계발사관학교   ▶YouTube 방탄자기계발   Google 자기계발아마존   NAVER   최보규

7. 초월 항목	A사 (플렛폼)	B사 (플렛폼)	C사 (플렛폼)	자기계발 아마존
콘텐츠 개발, 연결 (제2, 제3, 제4 수입 창출)	X (시스템 없음)	X (시스템 없음)	제작 비용 500 ~ 1,000만 원	무료 컨설팅 (기획, 제작) 콘텐츠에 따라 비용 발생

8. 114처럼 언제든지 물어볼 수 있는
삼성(진정성, 전문성, 신뢰성)이 검증된 전문가가
150년 함께 한다면 자신 분야에서 인정, 변화, 성장할 것이다!

8. 초월 항목	A사 (플렛폼)	B사 (플렛폼)	C사 (플렛폼)	자기계발 아마존
NAVER 방탄자기계발사관학교 / ▶YouTube 방탄자기계발 / Google 자기계발아마존 / NAVER 최보규				
A/S, 관리, 피드백	1년 ~ 2년	1년 ~ 2년	1년 ~ 2년	150년 무료

9. 비용은 시간이 지나면 당연하게 오른다!
비용이 가장 쌀 때는 지금이고 가장 비쌀 때는 내일이다.
싸고 비싸고가 중요한게 아니다. 어떤 사람과 함께하냐가 중요하다!

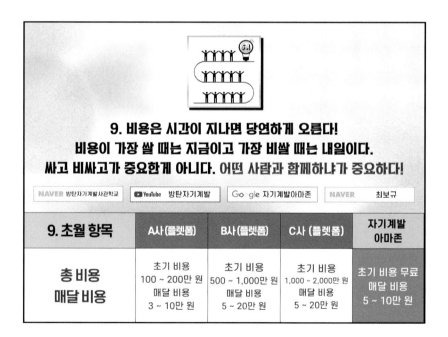

9. 초월 항목	A사 (플렛폼)	B사 (플렛폼)	C사 (플렛폼)	자기계발 아마존
NAVER 방탄자기계발사관학교 / ▶YouTube 방탄자기계발 / Google 자기계발아마존 / NAVER 최보규				
총 비용 매달 비용	초기 비용 100 ~ 200만 원 매달 비용 3 ~ 10만 원	초기 비용 500 ~ 1,000만 원 매달 비용 5 ~ 20만 원	초기 비용 1,000 ~ 2,000만 원 매달 비용 5 ~ 20만 원	초기 비용 무료 매달 비용 5 ~ 10만 원

온라인 건물주

해보자! 해보자! 이제는 당신 차례!

최보규 타워   온라인 건물주

자신 분야 디지털콘텐츠 제작으로 100년 월세, 연금 받자!

디지털 플렛폼	디지털 콘텐츠 수입 발생 (무인 시스템)	100년 월세, 연금 발생
자기계발아마존 1층~3층	온라인 건물주 되는 자격증 교육! 온라인 자기계발코칭전문가2급 자존감, 멘탈, 습관, 행복, 사랑, 웃음, 강사, 책쓰기, 유튜버 9개 분야 코칭	자격증, 재교육, 강사섭외, 코칭 종이책, 전자책 수입 발생
클래스유 4층	자신 분야 삼성(진정성, 전문성, 신뢰성)을 높여 제2수입, 3수입 올리는 방탄자기계발	영상, 자격증, 강사섭외, 코칭 종이책, 전자책 수입 발생
클래스101 5층~15층	강사 분야, 사랑 분야, 습관 분야, 자존감 분야, 행복 분야, 자기계발 분야 영상 원포인트 클래스 / 전자책	영상, 강사섭외, 코칭 종이책, 전자책 수입 발생
크몽 16층~22층	강사 분야, 사랑 분야, 습관 분야, 자존감 분야, 행복 분야, 자기계발 분야 영상 / 코칭 / 전자책	영상, 자격증, 강사섭외, 코칭 종이책, 전자책 수입 발생
탈잉 23층~25층	자존감 분야, 습관 분야, 행복 분야 / 전자책	강사섭외, 코칭 종이책, 전자책 수입 발생
인클 26층	4차 산업시대는 4차 자기계발인 방탄자기계발	영상, 자격증, 강사섭외, 코칭 종이책, 전자책 수입 발생
디지털 서점 27층~50층	출간한 12권 자기계발서 종이책, 전자책	검증된 전문가 강사료 10배 상승

당신의 타워 · 온라인 건물주

자신 분야 디지털콘텐츠 제작으로 100년 월세, 연금 받자!

언제까지! 몸으로만 일 할 것인가?

자신 분야 무인시스템!
자신 분야 디지털콘텐츠(AI)가 일하게 하자!

전문 분야가 없는데도 가능한가요?

20,000명 상담, 코칭 한
검증된 최보규 전문가가 전문 분야를 만들어 줍니다.

전문 분야는 있는데 엄두가 안 나요?

20,000명 상담, 코칭 한 검증된 최보규 전문가가
맞춤 컬설팅으로 목표, 방향을 잡아 줍니다.

 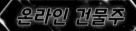

자신 분야 디지털콘텐츠 제작으로
100년 월세, 연금 받자!

자신 분야 책을 출간해서 전문가 될 수 있나요?

자기계발 책 12권 출간해서 50개 디지털콘텐츠로
제작한 노하우를 전수해 드립니다.

출간한 책이 있는데 디지털콘텐츠 만들 수 있나요?

자기계발 책 12권 출간해서 50개 디지털콘텐츠로
제작한 노하우를 전수해 드립니다.

책 쓰기만, 책 출간만 하는 것이 아닌 디지털콘텐츠 제작, 홍보 영상 제작, 책으로 강의 교안 작업 모두 할 수 있는 책 출간 가능한가요?

책 쓰기, 책 출간만 하고 끝나는 것이 아닌
책으로 할 수 있는 모든 것을 책 쓰기 시작할 때 함께 합니다!
그래서 몇 천 들어가는 비용을 10배 줄여 줍니다.

자신 분야 디지털콘텐츠 제작으로
100년 월세, 연금 받자!

출간한 책으로 강사직업을 할 수 있나요?

책을 출간하면 작가라는 타이틀이 생기고 출간한
책을 교안으로 만들어서 강사 직업까지 할 수 있습니다.
강사 직업 시작 ~ 100년 차 까지 년차별 준비!

강사 직업을 배울 수 있나요? 강사료를 올리고 싶어요?

대한민국 최초 강사 백과사전, 강사 사용설명서를
창시한 검증된 강사 양성 전문가가 강사 직업
시작 ~ 100년 차까지 연차별 트레이닝 시켜 줍니다.

디지털 시대에 가장 중요한 3가지 스펙! 배울 수 있나요?

영상 촬영 편집 기술, 홍보 디자인 제작 기술, 온라인. 디지털 콘텐츠 제작 기술

자기계발 책 12권 출간해서 50개 디지털콘텐츠로
제작한 노하우를 전수해 드립니다.

자신 분야 디지털콘텐츠 제작으로
100년 월세, 연금 받자!

등록한 민간자격증으로 디지털콘텐츠 만들 수 있나요?

한번 제작한 영상으로 평생 수입을
낼 수 있는 디지털콘텐츠 제작할 수 있습니다.

등록한 민간자격증으로 책을 출간할 수 있나요?

자격증 교육 과정 커리큘럼이 있다면
책 출간 80%는 끝났습니다.

강의 분야로 PPT교안으로 책을 출간할 수 있나요?

PPT교안이 있다면
책 출간 80%는 끝났습니다.

자격증 수입 발생 8단계 시스템

일반 자격증(99,99%) VS 방탄자기계발사관학교

일반 자격증(99,99%)	수입 창출 8단계 시스템	방탄자기계발사관학교
10,000개 기관 (등록된 민간 자격증)	수입 창출 8단계 시스템	방탄자기계발사관학교 (등록된 민간 자격증)
오프라인 교육 외 수입 발생 없음	오프라인 수입	오프라인 교육과 디지털, 온라인 콘텐츠 연결 수입 발생
기관대 기관 자격증 교류 극 소수	타기관 자격증 과 협업 수입	기관 대 기관 전문 분야 자격증 과정 교류를 통한 수입 발생
없음 (X) / 비수기 있음	무인 재교육 수입 월세, 연금성 수입	자기계발아마존 무인시스템 비수기가 없다 (사무실, 직원 없음)
없음 (X)	디지털 콘텐츠 월세, 연금성 수입	자격증 과정 영상 제작으로 재능마켓 판매 (클래스101, 클래스유, 크몽, 탈잉, 자기계발 아마존, 오투잡, 인클....)
없음) (X)	온라인 콘텐츠 수입	자기계발 아마존 온라인 시스템 제작한 영상으로 온라인 수입 발생
없음 (X)	자격증 1:1 코칭 수입	코칭전문가 커리큘럼을 통한 특별, 심화, 1:1 코칭 수입 발생
없음 (X)	자격증 책 출간(인세)	자격증 커리큘럼으로 종이책, pdf 책 출간 평생 인세 발생
없음 (X)	홍보, 몸값 상승	재능마켓에서 자동 홍보, 책 출간으로 전문 분야 인정 강사료 상승

○△○ㄱㅁ
ㅈㅈㄱㄱㅁ

인△생은게임
자존감게임

게임을 시작합니다!

자존감 게임은

하루가 멀다 하고 자신 행복을 위협하는
세상, 현실, 사람들로부터
나다운 행복을 지키기 위한 자존감 게임입니다!

인생은 게임이다! 세상, 현실, 또라이분들에게
지지(당하지) 않기 위한 12 스펙은 필수!

인생은 게임이다! 세상, 현실, 또라이분들에게
지지(당하지) 않기 위한 12 스펙은 필수!

01

인생은 게임이다! 자존감 게임!

첫 번째 게임 : 방탄자존감1

NAVER 방탄카피사전

상처 케어

아픈 만큼 성숙해진다? 아프면 환자다!
아픈 것을 극복할 때 성숙해진다.
4차 산업시대에 맞는 4차 힐링, 위로, 격려
4차 자존감은 방탄자존감

02

인생은 게임이다! 자존감 게임!

두 번째 게임 : 방탄자존감2

NAVER 방탄자존감명언

자존감케어

4차 산업시대에 맞는
4차 자존감인 방탄자존감으로 업데이트
방탄자존감은 선택이 아닌 필수!

인생은 게임이다! 세상, 현실, 또라이분들에게 지지(당하지) 않기 위한 12 스펙은 필수!

인생은 게임이다! 자존감 게임!

첫 번째 게임 : 방탄자존감3

NAVER 방탄자존감명언

자존감케어

방탄자존감은 행복, 사랑, 돈, 인간관계, 인생, 꿈 등
이루고 싶은 것을 마법처럼 바꿔준다.
방탄자존감에 답이 있다!

인생은 게임이다! 자존감 게임

네 번째 게임 : 방탄멘탈

NAVER 방탄멘탈

멘탈 케어

4차 산업시대에 맞는 4차 멘탈로 업데이트!
4차 산업시대에 생기는
우울, 스트레스는 4차 멘탈 업데이트로
치유가 아닌 치료, 극복할 수 있다.

인생은 게임이다! 세상, 현실, 또라이분들에게 지지(당하지) 않기 위한 12 스펙은 필수!

05

인생은 게임이다! 자존감 게임!

다섯 번째 게임 : 방탄습관

습관 케어

당신이 그토록 찾고 있던 습관 공식!
습관도 레고 블록처럼 쉽고, 즐겁게 쌓자!
물리학계의 천재 아인슈타인
습관계 천재 습관 아인슈타인 최보규

06

인생은 게임이다! 자존감 게임!

여섯 번째 게임 : 방탄행복

행복 케어

20,000명을 상담하면서 알게 된 사실!
당신이 행복하지 않는 이유 단언컨대
행복 학습, 연습, 훈련을 하지 않아서다.
행복도 스펙이다!

인생은 게임이다! 세상, 현실, 또라이분들에게 지지(당하지) 않기 위한 12 스펙은 필수!

인생은 게임이다! 자존감 게임!

일곱 번째 게임 : 방탄자기계발1

NAVER 방탄자기계발

공군사관학교, 해군사관학교, 육군사관학교는 체계적인 시스템 속에서 군인정신 학습, 연습, 훈련을 통해 정예장교(군 리더, 군사 전문가)를 육성하는 학교라면 방탄자기계발 사관학교는 체계적인 시스템 속에서 나다운 자기계발 학습, 연습, 훈련을 통해 배움, 변화, 성장으로 끝나는 것이 아닌 자신 분야 삼성(진정성, 전문성, 신뢰성)을 올리고 자신 분야를 온, 온프라인 무인 시스템과 연결시켜 비수기 없는 지속적인 수입을 올릴 수 있는 시스템을 함께 만들어가는 학교

인생은 게임이다! 자존감 게임!

여덟 번째 게임 : 방탄자기계발2

NAVER 방탄자기계발

자기계발 케어

세상의 자기계발 못하는 사람은 없다.
다만 자기계발 잘하는 방법을 모를 뿐이다.
4차 산업시대에 맞는 4차 자기계발은
방탄자기계발

인생은 게임이다! 세상, 현실, 또라이분들에게 지지(당하지) 않기 위한 12 스펙은 필수!

인생은 게임이다! 자존감 게임!

아홉 번째 게임 : 방탄자기계발3

자기계발 케어

노오력 자기계발이 아닌!
올바른 노력을 통한
자생능력(스스로 할 수 있는 능력)을 향상시켜
나다운 인생, 나다운 행복을 만들 수 있다.

인생은 게임이다! 자존감 게임!

열 번째 게임 : 방탄자기계발4

자기계발 케어

자기계발도 시스템 안에서 해야지 자생능력이 생겨 오래
지속된다. 이제는 자기계발도 즐겁게, 쉽게, 함께
자기계발 사관학교에서 코칭 받고 150년 관리받자.

11

인생은 게임이다! 자존감 게임!

열한 번째 게임 : 방탄강사

NAVER 나다운강사1

방탄강사 케어

강사는 누구나 한다!
나다운 강사는 누구도 될 수 없다.
나다운 강사만
강사 직업을 100년 한다!

12

인생은 게임이다! 자존감 게임!

열두 번째 게임 : 방탄강의

NAVER 나다운강사2

방탄강의 케어

세상의 강의 못하는 사람은 없다.
다만 강의 잘하는
방법을 모를 뿐이다.
2021 ~ 2150년 강의 트렌드

○ △ □
인생은게임
자존감게임

하루가 멀다 하고 자신 행복을 위협하는
세상, 현실, 사람들로부터
나다운 행복을 지키기 위한 게임입니다!
게임을 시작하고 싶다면 상담받으세요!

오징어 게임은 탈락이 있지만 자존감 게임은 탈락이 없습니다!
시작하면 150년 a/s, 관리, 피드백 **(150년 깐부)**
우주 최고 책임감으로 자기계발 주치의가 되어 드립니다.

Thank-you